互联网营销实战攻略

中视频
完全攻略

策划➕拍摄➕剪辑➕运营➕引流➕带货

苏海 编著

U0360514

清华大学出版社
北京

内 容 简 介

策划是起点，拍摄是前提，剪辑是后期，运营是重点，引流是难点，带货是终点，本书将手把手教你这 6 项核心修炼，抓重点、攻难点，实现带货变现，零基础、全方位玩转中视频。

本书共 13 章，系统地讲解了脚本策划、拍摄技巧、剪辑加工、账号定位、封面制作、标题打造、文案撰写、站外引流、带货卖货、变现方法等内容，助你快速掌握中视频运营技巧，成为中视频运营高手！

本书不仅适合初入中视频行业的运营者掌握中视频的拍摄剪辑、引流带货技巧，开启账号的打造之路，更适合拥有一定运营经验的中视频运营者提高直播带货变现的能力，快速增强中视频的引流和吸粉能力，让中视频变现变得更加高效。

图书在版编目（CIP）数据

中视频完全攻略：策划 + 拍摄 + 剪辑 + 运营 + 引流 + 带货 / 苏海编著 . —北京：清华大学出版社，2021.7（2022.12重印）

（互联网营销实战攻略）

ISBN 978-7-302-58645-6

Ⅰ．①中⋯　Ⅱ．①苏⋯　Ⅲ．①网络营销—教材　Ⅳ．① F713.365.2

中国版本图书馆 CIP 数据核字（2021）第 137144 号

责任编辑：杜春杰
封面设计：刘　超
版式设计：飞鸟互娱
责任校对：马军令
责任印制：宋　林

出版发行：清华大学出版社
　　　　网　　　址：http://www.tup.com.cn，http://www.wqbook.com
　　　　地　　　址：北京清华大学学研大厦 A 座　　**邮　　编：**100084
　　　　社 总 机：010-83470000　　　　　　　　**邮　　购：**010-62786544
　　　　投稿与读者服务：010-62776969，c-service@tup.tsinghua.edu.cn
　　　　质量反馈：010-62772015，zhiliang@tup.tsinghua.edu.cn
印 装 者：涿州市般润文化传播有限公司
经　　销：全国新华书店
开　　本：148mm×210mm　**印　　张：**10.875　**字　　数：**242 千字
版　　次：2021 年 7 月第 1 版　　　　　　**印　　次：**2022 年 12 月第 2 次印刷
定　　价：69.80 元

产品编号：091365-01

近年来，视频行业得到了飞速发展，特别是短视频行业的腾飞令人瞩目。许多人利用碎片化时间都会习惯性地刷短视频，也有一些人开始将短视频作为重要的营销渠道，甚至还有人借助短视频进行创业，挖到了人生中的第一桶金。

可即便如此，许多短视频运营者和平台也感受到了巨大压力，对于短视频运营者来说，短视频领域日渐饱和，发布的内容越来越难以成为热门；而对于短视频平台来说，随着短视频平台的增多，用户出现了明显流失。这些现状迫使短视频运营者和平台开始寻求新的发展机遇。

而西瓜视频和 B 站等平台错过了短视频的红利之后，也开始寻找方法，希望能在视频领域多分一杯羹。西瓜视频总裁在"2020年西瓜 PLAY 好奇心嘉年华"上提出了"中视频"这个概念，表示未来一年会拿出至少 20 亿元来补贴中视频创作者。看到西瓜视频平台的举动之后，部分视频平台也开始对中视频创作者进行大力扶持。

这些举措让许多运营者看到了新的营销风口和发展机遇，许多图文运营者开始入驻中视频平台，部分短视频运营者也开始转战中视频领域。然而令这些运营者犯难的是，中视频和他们以往运营的图文和短视频有所不同，自己原有的运营经验直接拿过来用的话，似乎就不那么"灵验"了。

在这种情况下，运营者们纷纷开始学习中视频的运营经验，部分运营者想要通过那些介绍中视频运营知识的图书来快速掌握中视频运营技巧，却发现市场上很少有专门讲解中视频运营的书籍。为弥补市场不足，让运营者更好地掌握中视频的运营方法和技巧，笔者结合个人运营经验推出了本书。

本书通过 13 章的内容，对中视频快速入门、内容选择、内容策划、视频拍摄、剪辑加工、账号定位、封面制作、标题打造、文案撰写、回复评论、引流推广、带货话术和变现方法进行了详细的阐述。通过这些内容，运营者可快速了解中视频策划、拍摄、剪辑、运营、引流和带货的核心技巧。

本书内容通俗易懂，其核心内容均结合具体案例进行了讲解。通过本书的学习，运营者可全面掌握西瓜视频、B 站、微信视频号、抖音和快手等平台中视频运营的重点内容，快速入门中视频运营，增强自身的变现能力。

需要特别提醒的是，本书在编写过程中是基于当时各中视频平台和软件截取的实际操作图片，但图书从编辑到出版需要一段时间，在这段时间里，软件界面与功能会有调整与变化，比如有的内容删除了，有的内容增加了，这是软件开发商所做的更新，请大家在阅读时根据书中的思路，举一反三进行学习。

本书由苏海编著，参与编写的人员还有高彪等人，在此一并表示感谢。由于作者知识水平有限，书中难免有疏漏之处，恳请广大读者批评指正。

苏　海
2021 年 2 月

/ 第 3 章 /

内容策划——设计中视频脚本和剧情　　/45

/ 第4章 /
视频拍摄——掌握中视频制作的技巧　　/63

/ 第 7 章 /

封面制作——吸引用户点击查看中视频 　/129

/ 第 8 章 /

标题打造——突出展示中视频的亮点 　/163

/ 第 9 章 /

文案撰写——增加中视频内容的看点　　/195

/ 第 10 章 /

回复评论——营造活跃的评论区氛围　　/225

/ 第 12 章 /
带货话术——增强目标用户的购买欲　　/285

/第 13 章/

变现方法——达成年赚上百万的目标 /311

第 1 章

Chapter One

快速入门

了解中视频的基础知识

◀)) **学前提示**

可能大部分人对中视频的了解较为有限。什么是中视频？它与短视频有何区别？中视频是否有运营价值？本章，笔者就来带大家快速认识中视频，让大家找到上述问题的答案。

? **要点展示**

／ 中视频的基础知识简介
／ 中视频与短视频的区别
／ 了解中视频的发展现状

／1.1　中视频的基础知识简介

在运营中视频之前，我们需要对中视频的概况进行全面了解。本节笔者就来对中视频的一些基础知识进行讲解，让大家快速认识中视频。

1.1.1　了解概念：什么是中视频

中视频的概念有广义和狭义之分。广义的中视频是指中等时长（通常是 1min ～ 30min ）的视频。狭义的中视频概念由西瓜视频总裁任利锋提出。他认为中视频应该包含以下 3 个特点。

（1）时间长度：1min ～ 30min。

（2）展现形式：以横屏为主，竖屏为辅。

（3）视频内容：生产的专业内容占比高。

1.1.2　发展原因：多角度全面分析

当下，短视频的发展如火如荼，为什么中视频能够发展起来呢？笔者认为主要有以下 3 方面原因。

1．短视频时长的限制

许多短视频平台将视频的时长限制在 60s 以内，但是很多时候在这么短的时间内很难把内容表达清楚，于是许多运营者为了详尽地呈现视频内容，就会选择倾力打造中视频。

2．短视频领域日渐饱和

虽然目前抖音、快手等短视频发展得异常火爆，但因为短视频领域日渐饱和，一个新的运营者进入短视频领域之后，很难快速脱颖而出。而其他平台，如西瓜视频、B 站等，也难以从短视频领域中分得一杯羹。因此，无论是新的运营者，还是西瓜视频、B 站等平台负责人，都希望从中视频领域获得突破。

3．平台的大力支持

2020 年 10 月 20 日，西瓜视频总裁宣布，未来一年将拿出至少 20 亿元补贴中视频创作者，其他平台看到该消息之后，也纷纷推出了扶持中视频运营者的计划。许多自媒体运营者（包括原来的短视频运营者）看到这些扶持计划之后，也纷纷进入中视频领域大展宏图。在这种形势下，中视频领域快速获得了大量运营者的入驻。

1.1.3　前世今生：多年积累待爆发

中视频其实并不是一个全新的概念，因为在短视频崛起之前，网络上就已经出现了一些爆款中视频。例如，风靡一时的《万万没想到》系列喜剧短片，就是中视频的典型代表作品。只是因为中视频内容的打造难度相对较大，运营者及其团队难以坚持创作，所以中视频难以像短视频一样获得快速发展，以至于许多原来做中视频的运营者后来都转战到了短视频领域。

而随着西瓜视频、B 站等平台大力扶持中视频运营者，中视频再次成为焦点。对于原创能力较强的运营者及其团队来说，此时无疑是一个绝佳的入场时机。那么，随着越来越多运营者的入驻，中视频会否在积累了多年之后迎来一次大爆发呢？我们怀揣希望拭目以待。

/ 1.2　中视频与短视频的区别

近两年，短视频蓬勃发展，以快手、抖音为首的视频平台将短视频产业推向了高潮。虽然短视频已成为一种营销的重要途径，但一部分运营者却发现短视频越来越不能满足其自身的营销需求。此时，这群人正好看到平台在扶持中视频，于是许多运营者便开始做起了中视频。

那么，中视频与短视频的区别在哪里？中视频又有哪些亮点呢？本节笔者就来重点回答这两个问题。

1.2.1　双方区别：中视频与短视频异同

虽然中视频和短视频仅一字之差，但二者之间还是存在明显区别的。具体来说，其区别主要体现在以下 5 个方面，如图 1-1 所示。

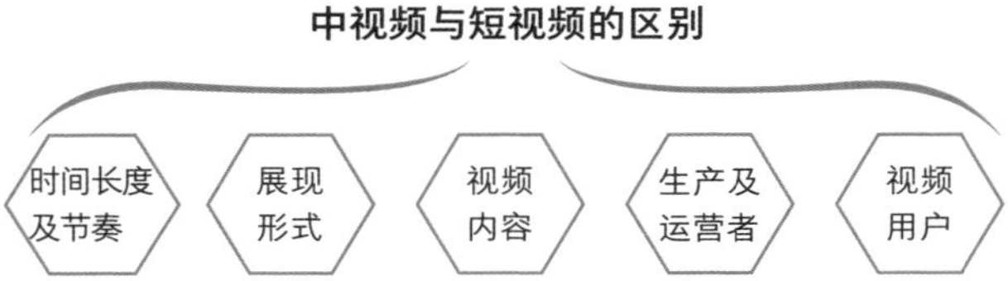

中视频与短视频的区别

时间长度及节奏　展现形式　视频内容　生产及运营者　视频用户

图 1-1　中视频与短视频的区别

1．时间长度及节奏

从时间长度来看，短视频的时间长度相对较短，大部分短视频平台的时长要求是 60s 以内，有的短视频平台甚至将时间长度限制在 15s 以内；而中视频的时间长度则在 1min ~ 30min。很显然，中视频的时间相对来说要长一些，其可以传达的信息量也更多一些。从视频的节奏来看，短视频的节奏比较快，有的短视频用户看完之后也不明白内容讲的是什么；而中视频的节奏则相对较缓，能够将生产者和运营者的意图更精准地展现出来。

2．展现形式

在许多平台中，短视频主要以竖屏形式进行展示，只有少数短视频会用横屏；而中视频则正好相反，它的展现形式以横屏为主，竖屏为辅。相比之下，中视频的横屏展现形式更容易让观看视频的用户沉浸其中。

3．视频内容类型

从视频内容的类型来看，短视频主要是娱乐和生活类的内容，而中视频则更多是科普和知识讲解类的内容。

4．生产及运营者

短视频采用的基本都是用户原创视频（User Generated Content，UGC）模式，平台用户就是账号内容的生产者和运营者。因此，其生产和运营者的专业性水平参差不齐，很多人甚至只是将偶然发生的事拍摄下来进行发布，并且很久也不会更新视频。

中视频采用的是专业生产内容（Professional Generated Content，PGC）模式，其账号内容的生产和运营者具有一定的专业性，并且会专注于某方面内容的生产，因此，生产出的中视频质量相对比较高，而且还会以相对固定的频率进行更新。

5．视频用户

许多用户都会利用碎片化时间观看短视频，这些用户观看短视频仅仅是为了获得心理上的愉悦，对看过的内容一般不会有特别深的记忆。中视频的内容具有一定的专业性，用户通常能从中获得某些知识或信息，对于有价值的中视频，他们可能还会进行收藏。

1.2.2　亮点解析：中视频在各环节优势

为什么要花费心力来制作中视频、运营中视频账号呢？主要是因为中视频在各环节中都具有一定的优势，如图 1-2 所示。

1. 策划

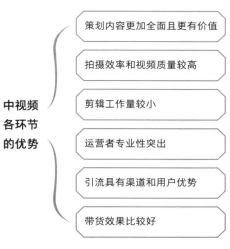

中视频的时间长度
要比短视频长，所以运营
者在策划内容时，可以将
相关内容进行全盘考虑，
通过脚本一一呈现出来。
这样策划出来的内容不仅
更加全面，而且还能通过
内容的筛选，选择性地呈
现更有价值的内容。

图 1-2　中视频各环节的优势

2. 拍摄

因为中视频的生产者（包括拍摄者和出镜人员等）都有一定的
专业性，而且在拍摄之前通常都会进行内容策划。所以，相关人员
只要根据策划方案做好自己的工作，就能快速完成视频拍摄，并且
拍摄的视频质量也比较高。

3. 剪辑

正是因为拍摄的视频质量比较高，所以中视频剪辑的工作量比较
小，剪辑人员可以用更多的时间来进行视频的打磨，提高成品的质量。

4. 运营

中视频的运营者通常都对某方面的内容具有专业的认知，因此
在进行账号运营时，只需围绕该方面的内容塑造出专业形象，便可

精准地获得目标用户的信任。

5．引流

中视频在引流方面有两个优势，一是渠道优势，二是用户优势，渠道优势体现在许多短视频平台中可以上传的视频长度不断增加，中视频内容可以上传至绝大部分短视频平台中，而且作为一种视频形式，中视频也可以上传到腾讯视频、爱奇艺和优酷等传统视频平台，所以，中视频的上传渠道是比较多的，相应的其可以获得的流量自然也会更多；用户优势体现在中视频账号中发布的通常都是某方面的专业内容，因此关注账号的都是对该方面内容感兴趣的人群，这样一来，中视频内容触达的流量自然就会更加精准。

6．带货

与短视频相比，中视频的时间长度相对较长，因此中视频运营者可以对产品进行全面的展示，让用户看清产品的优势，从而更愿意购买中视频中推荐的产品。而且中视频内容的专业性又令其吸引的都是对该方面内容感兴趣的人群，这些人群对于相关产品的需求也会强于普通用户。所以，中视频账号运营一段时间并积累一定粉丝之后，带货效果通常都会比较好。

/1.3 了解中视频的发展现状

我们在进入某个行业之前，应该要先了解这个行业的发展现状，并在此基础上判断该行业的发展前景。那么，中视频行业的发展现状如何？我们是否值得花费大量时间和精力运营中视频账号呢？本节笔者就来重点回答这两个问题。

1.3.1　多方较量：巨头纷纷入局中视频

如果大家仔细观察，就会发现有越来越多巨头开始入局中视频。无论是西瓜视频、B 站，还是微信视频号、抖音和快手，都或多或少地提供了与中视频相关的服务。

我们在西瓜视频的"推荐"界面中，就可以看到许多时长在 1min ~ 30min 的中视频，如图 1-3 所示。

图 1-3　西瓜视频"推荐"界面中的中视频

我们在 B 站"热门"界面中点击一个视频，就可能会在播放界面中看到该视频的时长是超过 1min 的，如图 1-4 所示。也就是说，B 站"热门"界面中随意点击的视频，很大概率都会是中视频。

图 1-4 B 站"热门"界面中的中视频

在微信视频号中，当一条视频播放了 1min 左右时，该视频的文字说明中就可能会出现"观看完整视频"的提示，而该提示后方显示的时间都是超过 1min 的，如图 1-5 所示。也就是说，只要一条微信视频号视频播放过程中，其文字说明中出现了"观看完整视频"的提示，那么该视频就是中视频。

图 1-5 微信视频号中的中视频

而抖音和快手等平台虽然以短视频内容为主，但也不乏一些中视频内容。例如，播放抖音视频时，如果我们向右滑动界面，界面

中显示了视频的时长，那么就会发现这些视频都是时长超过 1min
的中视频，如图 1-6 所示。

图 1-6　抖音短视频中的中视频

　　由此不难看出，许多视频巨头都已入局中视频。这对于想要进
行中视频运营的运营者来说无疑是一个好消息，因为运营者不仅可
以同时在多个平台运营中视频账号，以增强自身账号的影响力，而
且还能在账号运营一段时间之后，通过账号的粉丝数和账号的变现
情况，来决定重点运营哪些平台的账号。

1.3.2　内容需求：有趣、有用且有深度

　　虽然短视频和中视频都有大量受众，但用户在短视频和中视频
中需求较大的内容方面却存在着一些差异。这一点很好理解，如果

中视频内容在短视频中都可以看到，那么许多用户会选择直接观看短视频，而不会特意去中视频平台中查看内容。具体来说，在中视频平台中，用户需求比较大的内容主要可以分为以下 3 类。

（1）有趣。有趣的内容，男女老少皆宜，受众群体非常庞大，而且许多人之所以刷视频，就是希望能够借此获得心情的愉悦。因此，那些比较有趣的中视频发布出来之后，往往很快就会获得许多用户的围观。

（2）有用。视频的趣味性固然重要，但部分用户可能并不是抱着获得愉悦心情的目的去刷中视频的。对于这部分用户来说，可能视频对于自己是否有用处则显得更加重要。对此，运营者在制作中视频时，就应该多思考视频对于用户的实用价值。

（3）有深度。部分用户希望自己看完中视频之后能够有所得。这个"得"，既可以是收获对自己有实用价值的内容，也可以是从中视频中获得一些有一定深度的观点、知识和技巧。

1.3.3　强者出现：平台优势得以凸显

如果说抖音和快手是短视频领域的霸主，那么西瓜视频和 B 站就是中视频领域的强者。在抖音和快手上超过 1000 万粉丝的账号，毫无疑问便属于"大 V"账号，而在西瓜视频和 B 站上，也有许多通过发布中视频获得超过 1000 万粉丝的账号。

图 1-7 和图 1-8 为某西瓜视频和某 B 站账号的介绍界面。可以看到，这两个账号的粉丝都超过了 1000 万，而且这两个界面中的视频时长都在 1min ~ 30min。

图 1-7　某西瓜视频账号的介绍界面　图 1-8　某 B 站账号的介绍界面

　　对于这两个平台能够在中视频领域确立强者地位的原因，其实是很好理解的。西瓜视频中有许多中视频内容，再加上平台对运营者的扶持力度很大，所以吸引了众多运营者的入驻，而这些运营者本身也是平台的用户。因此，西瓜视频平台能够很快积累起大量用户。

　　而 B 站则可以说是一个老牌的中视频平台，许多用户甚至都将该平台作为观看视频内容的重要选择之一。该平台上的内容具有趣味性、年轻化的特点，很容易吸引大量用户，特别是年轻的"90后"和"00 后"用户的关注，再加上出台了一些扶持运营者的政策，所以该平台也聚集了众多用户。

1.3.4　互挖墙脚：各平台间的互相角力

　　在看到中视频的广阔发展前景之后，部分中视频平台开始进行互相角力，有的平台甚至不惜花费重金将其他平台上的"大 V"账号挖过来，用以增强自身在中视频领域的影响力。

其中比较具有代表性的平台是西瓜视频和 B 站视频，这两个平台都曾花重金签约对方平台上的"大 V"。这一点也很好理解，毕竟西瓜视频和 B 站视频当前都在中视频领域确立了强者地位，但是这两个平台都希望自己能够成为中视频领域的霸主，所以都不惜花费重金挖对方的墙角。

1.3.5 新的机遇：运营者迎来黄金时代

对于许多运营者来说，中视频领域的发展无疑给他们带来了新的机遇，甚至接下来的一段时间会迎来中视频运营者的黄金时代。具体来说，中视频领域的发展可以为运营者带来以下 3 个方面的新机遇。

（1）新的推广渠道。随着中视频领域的发展，越来越多的平台开始推出中视频版块，而对于运营者来说，所创作的中视频内容也就有了许多新的推广渠道。

（2）新的吸粉渠道。中视频平台越多，运营者吸引粉丝，增强自身影响力的平台也就越多。另外，运营者将粉丝量作为依据选择重点运营的平台时，也会有更多的可选项。

（3）新的销售渠道。部分运营者需要通过中视频平台销售产品，而随着中视频平台的增多，这些运营者的销售渠道也随之增加，运营者在同一时间内可以获得的收益也就会相应增加。

第 2 章

Chapter Two

内容选择

/

找到合适的中视频内容

学前提示

　　对于运营者来说，中视频的内容选择无疑是非常关键的。优质的视频内容不仅更容易成为热门，还能帮助运营者积累更多粉丝。那么，运营者要如何选择合适的内容，打造热门中视频呢？本章，笔者就来重点回答这个问题。

要点展示

　　／　学习内容的生产方法
　　／　找寻易上热门的内容
　　／　掌握内容的展示技巧

／2.1　学习内容的生产方法

　　运营者要想打造出爆款中视频，需要找好内容的生产方法。本节笔者就重点介绍 5 种中视频内容的生产方法，让大家可以快速生产出热门内容。

2.1.1　原创视频：根据定位进行制作

　　有中视频制作能力的运营者，可以根据自身的账号定位，打造原创中视频内容。很多人开始做原创中视频时不知道该拍摄什么内容。其实内容的选择没那么难，大家可以从以下几个方面入手。

　　（1）可以记录生活中的趣事。

　　（2）可以学习热门舞蹈、手势舞等。

（3）配表情系列，利用丰富的表情和肢体语言进行表达。

（4）旅行记录，将你所看到的美景通过视频展现出来。

（5）根据自己所长，持续产出某方面的内容。

例如，某微信视频号就是通过持续发布原创手机摄影技巧类中视频来吸引粉丝关注的。图 2-1 所示，为该账号发布的部分中视频。

图 2-1　产出原创内容吸引用户关注

2.1.2　借用模板：嵌套内容打造视频

对于一些大家熟悉的桥段，或者已经形成了模板的内容，运营者只需在原有模板的基础上嵌套一些内容，便可以快速生产出原创中视频内容。

看过《夏洛特烦恼》这部电影的观众肯定对该电影中的一个桥段记忆深刻，那就是男主角夏洛在向楼下一位大爷询问女主角马冬梅是否住在楼上时，大爷却因记不住"马冬梅"这 3 个字，所以反复问男主角："马东什么？""什么冬梅？""马什么梅？"

基于此，某中视频运营者便将该桥段作为模板，在保持原有台词不变的基础上，将电影中男主角的画面换成自己出镜的画面，而电影中楼下大爷的画面则不做处理。经过这样的处理之后，这位运营者便在原有电影模板的基础上，生产出了原创中视频。

这种内容打造方法的优势就在于，运营者只需将自身的视频内容嵌入模板中就能快速打造出一条新视频，而且新增的内容与模板中原有的内容还能快速产生联系。

2.1.3　借用素材：加入创意适当改编

需要借用他人的素材时，如果直接将视频搬运过来并进行发布，那么中视频不仅没有原创性，而且还存在侵权的风险。所以，运营者在生产中视频时，如果需要借用他人的素材，一定要将视频搬运过来之后适当地进行改编，从而在原视频的基础上增加自身的原创内容，来避免侵权。

图 2-2 所示的中视频就是在参考《猫和老鼠》视频的基础上，对视频进行了重新配音，并配备了对应的字幕。因为视频本身就具有一定的趣味性，再加上后期的搞笑方言配音，用户看到之后觉得非常有趣，便纷纷点赞、评论，于是这一条借用素材打造的中视频很快就火了。

图 2-2　借用素材法打造的中视频

需要特别注意的是，尽量不要参考他人在其他平台中发布的视频，更不要将他人在其他平台中发布的视频搬过来直接发布。很多平台中已经发布的作品会自动打上水印，如果运营者直接参考，那么参考的视频上将会显示水印。

这样一来，用户一看就知道你是直接参考的其他平台的内容，而且对于这种直接参考他人视频的行为，很多平台都会进行限流。因此，这种直接参考他人的视频基本上是不可能成为爆款中视频的。

2.1.4　模仿热门：紧跟平台实事热点

模仿法就是根据已发布的视频依葫芦画瓢地打造自己的中视频，这种方法常用于已经形成热点的内容。因为一旦热点形成，那么模仿与热点相关的内容，会更容易获得用户的关注。

比如，2020 年，随着综艺节目《乘风破浪的姐姐》的热播，其主题曲《无价之姐》受到了许多人的关注，很多中视频平台上出现了"#无价之姐"这个话题，许多人还在该话题下以这首歌为背景跳起了舞，而且舞姿基本都是统一的，如图 2-3 所示。这便是运用模仿法拍摄的中视频案例。

图 2-3　模仿热点法拍摄的中视频

2.1.5　扩展延伸：打造新意制造热度

扩展法就是在他人发布的内容基础上，适当地进行延伸，从而产出新的原创内容。与模仿法相同，扩展法参照的对象也以热点内容为佳。

比如，有一段时间《牧马人》这部电影突然在快手、抖音等平台上火了起来，许多人对电影中的"老许，你要老婆不要？"这句台词记忆深刻。于是，许多运营者在西瓜视频中开始结合这句台词，根据自身情况，打造了关于"你要 ×× 不要"的中视频，如图 2-4 所示。这类中视频透露着幽默搞笑的成分，往往能快速吸引一些用户的围观。

图 2-4　扩展延伸法拍摄的中视频

/ 2.2　找寻易上热门的内容

做中视频运营时，一定要对爆款视频时刻保持敏锐的嗅觉，及时研究、分析和总结它们成功的原因。不要一味地认为那些成功的人都是运气好，而要思考和总结他们是如何成功的。

只有多积累成功的经验，站在"巨人的肩膀"上运营，你才能看得更高、更远，才更容易获得成功。本节笔者总结了中视频平台中的八大热门内容类型，大家在运营中视频时可以进行参考和运用。

2.2.1　帅哥美女：用颜值为视频加分

为什么要先讲"高颜值"的帅哥美女类内容呢？原因很简单，就是因为在中视频平台上，许多账号运营者都是通过自身的颜值来取胜的。

以抖音为例。抖音个人号粉丝排行前 10 位中，就有超过半数是通过"高颜值"的美女帅哥出镜来吸引用户关注的。由此不难看出，颜值是抖音营销的一大利器。如果出镜者颜值高，那么他（她）只要在视频中唱唱歌、跳跳舞，就能吸引一些粉丝的关注。

这一点其实很好理解，毕竟谁都喜欢美好的事物。很多人之所以刷视频，并不是想通过视频学到什么，而是借此消磨一下时间。在他们看来，看一下帅哥美女，本身就是一种视觉享受。

抖音平台如此，很多中视频平台也是如此，毕竟高颜值的帅哥美女，比一般人更能吸引用户的目光。因此，当中视频中有美女帅哥出镜时，自然能获得更多的流量，而中视频也会更容易上热门。

2.2.2　萌人萌物：呆萌可爱人见人爱

"呆萌"往往和"可爱"这个词对应，而许多可爱的事物都是人见人爱的。所以，对于呆萌可爱的事物，许多用户都会忍不住想要多加关注。在中视频内容中，根据展示的对象，可以将萌的事物分为 3 类：一是萌娃，二是萌宠，三是萌妹子。下面，笔者就来分别进行分析。

1. 萌娃

萌娃是深受用户喜爱的一个群体。萌娃本身看着就很可爱，而且他们的一些行为举动也让人觉得非常有趣。所以，与萌娃相关的中视频，能够很容易地吸引许多用户的目光。图 2-5 所示，为两条通过萌娃来吸引用户关注的中视频。

图 2-5　通过萌娃吸引用户的关注

2．萌宠

萌不是人类的专有名词，猫猫狗狗等可爱的宠物也是很萌的。许多人之所以养宠物，就是觉得萌宠们特别地惹人怜爱。如果能把宠物日常生活中惹人怜爱、憨态可掬的一面通过中视频展现出来，就能吸引到许多用户，特别是能吸引那些喜欢萌宠的用户前来围观。

也正因如此，中视频平台上出现了一大批萌宠"网红"。例如，某账号的粉丝数超过 4500 万，该账号发布的内容以记录两只猫咪在生活中遇到的趣事为主，视频中经常出现各种"热梗"，并配以"戏精"主人的表演，给用户以轻松愉悦之感。图 2-6 所示，为该账号发布的中视频。

图 2-6　通过萌宠吸引用户的关注

中视频平台中萌宠类运营者的数量为之不少，运营者要想从中脱颖而出，还得重点掌握一些内容策划的技巧，具体如下。

（1）让萌宠人性化。比如，可以从萌宠的日常生活中，找到它的性格特征，并通过剧情的设计，对萌宠的性格特征进行人性化展示。

（2）让萌宠拥有特长。比如，可以通过不同的配乐展示萌宠的舞姿，把萌宠打造成舞王。

（3）配合萌宠演戏。比如，可以拍一个萌宠的日常，然后通过后期配音，让萌宠和主人"对话"。

3．萌妹子

萌妹子们身上通常会自带一些标签，如娇小可爱、天然呆萌、温柔如水等。在这些标签的加持之下，用户在看到视频中的萌妹子时，往往会心生怜爱和保护之情。

许多中视频平台上都有许多非常火的萝莉，她们不仅有着非常好的身材，而且风格也很二次元。她们经常穿着"lo 服"（指以哥特风格、甜美风格和复古风格为基础的服饰），再加上造型甜美，所以很受宅男网友的欢迎。

例如，某运营者凭借着好身材、高颜值以及 COS（Costume 的简略写法，指角色扮演）各种类型的人物，在许多中视频平台上受到了用户的极大关注。图 2-7 所示，为该运营者发布的相关中视频。

图 2-7　通过萌妹子吸引用户的关注

2.2.3　才艺展示：看点十足赏心悦目

才艺包含的范围很广，除了常见的唱歌、跳舞，还包括摄影、绘画、书法、演奏、相声和脱口秀等。只要中视频中展示的才艺足够独特，能够让用户觉得赏心悦目，那么中视频内容就很容易获得用户的持续关注。

1. 演唱才艺

例如，某运营者本身就是一名歌手，也发布过一些原创歌曲，该运营者经常发布唱歌类的中视频。由于歌声悦耳动人，所以该运营者发布的中视频很容易就获得了大量用户的支持。

图 2-8 所示，为某运营者发布的演唱类中视频。可以看到，这些中视频的播放量、点赞量和评论量都是比较高的，这就说明这些中视频受到了许多用户的欢迎，同时也说明这些中视频更容易成为平台的热门内容。

图 2-8　通过演唱才艺吸引用户的关注

2．舞蹈才艺

唱歌、跳舞自古以来就是拥有广泛受众的艺术形式。对于具备一定舞蹈功力的运营者来说，只要通过中视频将自己的专业舞姿展示出来，就能获得一批忠实粉丝的持续关注。

图 2-9 所示，为某运营者发布的手指舞中视频，该运营者发布的中视频中经常展示用手指跳舞，并且还对手指进行了装扮，视频

内容既有一定技术成份，看着也比较幽默搞笑，所以，大多数用户看到这些中视频之后都会忍不住想要点赞。

图 2-9　通过舞蹈才艺吸引用户的关注

3. 演奏才艺

对于一些学习乐器者，特别是在乐器演奏上取得了一定成就的运营者来说，只要展示的演奏才艺类中视频内容足够精彩，就能快速吸引大量用户的持续关注。

图 2-10 所示，为两条钢琴演奏类中视频，这两条视频中展示出运营者的高超技艺，而用户观看到中视频之后，在发出赞叹之余也会通过点赞来表示喜爱。

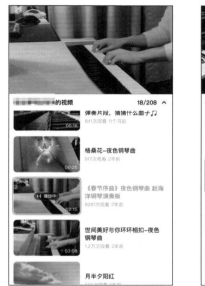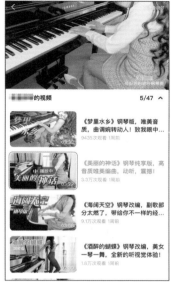

图 2-10　通过演奏才艺吸引用户的关注

2.2.4　美景美食：带来视觉上的享受

从古至今，有众多形容"美"的成语，如沉鱼落雁、闭月羞花、倾国倾城等，可见，颜值高还是有着重要影响力的。当然，美好事物并不仅仅是指人，它还包括美景、美食等。运营者可以通过在中视频中将美景和美食进行展示，以此获得用户的关注。

从景物、食物等方面来说，是完全可以通过其本身的美，再加上精湛的摄影技术来创作出高质量的中视频的，如借助精妙的画面布局、构图和特效等，就可以打造一个高推荐量、播放量的中视频。图 2-11 所示，为通过美景美食吸引用户关注的中视频。

图 2-11　通过美景美食吸引用户的关注

中视频的发展为许多景点带来了发展机遇，甚至是城市也开始借助中视频来打造属于自己的 IP。比如，许多人在听了《成都》之后，会想去看看"玉林路"和"小酒馆"的模样；许多人看到关于"摔碗酒"的视频之后，会想去西安体验大口喝酒的豪迈；许多人在看到重庆"穿楼而过的轻轨"时，会想亲自去重庆体验轻轨从头上"飞"过的奇妙感觉。

中视频同时为城市宣传找到了新的突破口，它把城市中具有代表性的美食、建筑和工艺品进行了高度的提炼，配以特定的音乐、滤镜和特效，而且还可以设置地点。用户看到中视频之后，如果想要亲自体验，只需点击视频中的地点便可以找到位置进行打卡。

2.2.5　技能传授：分享各种实用技巧

许多用户是抱着学习技能的心态来刷中视频的。那么，什么样的内容可以吸引这些用户呢？其中一种就是技能传授类的内容。

一般来说，用户看到自己没有掌握的技能时会感到不可思议，并且想要通过观看视频掌握该技能。技能包含的范围比较广，既包括各种绝活，也包括一些小技巧和小妙招。图 2-12 所示的中视频所展示的就是一些小妙招。

图 2-12　通过技能传授吸引用户的关注

很多技能都是人们长期训练之后的产物，普通用户无法做到轻松地掌握。其实，除难以掌握的技能外，运营者也可以在视频中展示一些用户学得会、用得着的技能。比如，一些曾在抖音中爆红的整理类技能便属于此类，如图2-13所示。

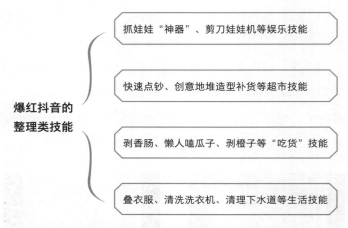

爆红抖音的
整理类技能

抓娃娃"神器"、剪刀娃娃机等娱乐技能

快速点钞、创意地堆造型补货等超市技能

剥香肠、懒人嗑瓜子、剥橙子等"吃货"技能

叠衣服、清洗洗衣机、清理下水道等生活技能

图2-13　爆红抖音的整理类技能

与一般的内容不同，技能类的内容能让一些用户觉得像是发现了一片新大陆，因为此前从未见过，所以会觉得特别新奇。如果觉得视频中的技能可以在日常生活中用得上，用户就可能会进行收藏，甚至将视频转发给自己的亲戚朋友。因此，只要你在视频中传授的技能在用户看来是实用的，那么，视频播放量和转发量等数据通常就会比较可视。

2.2.6　幽默搞笑：氛围轻松博君一笑

幽默搞笑类的内容一直都不缺观众。许多用户之所以经常刷中视频，主要是因为中视频中有很多内容能够逗人一笑，所以，那些内容笑点十足的中视频很容易被引爆。

图 2-14 所示的中视频中，一只小狗在与小鳄鱼的较量中处于了下风，它在意识到这件事之后，便模仿起小鳄鱼的动作，想借此让自己看起来更强大。许多用户在看到该视频之后，觉得视频中的小狗非常有趣，纷纷通过点赞来表达自己对该中视频的喜爱。

图 2-14　通过幽默搞笑内容吸引用户的关注

2.2.7　信息普及：提高内容的覆盖面

有时候专门打造中视频内容比较麻烦，如果运营者能够结合自己的兴趣爱好和专业来打造中视频内容，并且就一些大众都比较关注的信息进行普及，那么内容的打造就会变得容易很多。而且如

果用户觉得你普及的内容具有收藏价值，也会很乐意给你的中视频
点赞。

例如，许多用户都比较喜欢听音乐，但是却没有时间去寻找更
多好听的音乐。某运营者在账号中发布了大量音乐推荐类中视频，
对音乐进行普及。这些中视频深受爱好音乐的用户欢迎，视频的点
赞、评论和转发等数据都比较好。图 2-15 所示，为该运营者发布的
音乐普及类中视频。

图 2-15　音乐普及类中视频

除音乐外，电影也有大量的受众。许多爱好电影的人群甚至不
惜花费大量的时间去寻找好片。对此，运营者可以搜集一些值得推
荐的电影，通过中视频对这些电影的相关内容进行普及。图 2-16 所

示，为某运营者发布的部分中视频，这些中视频就是通过对电影信息的普及从而获得用户的持续关注。

图 2-16 电影普及类中视频

2.2.8 知识输出：传授知识传达价值

如果用户在看完你的中视频之后能够获得一些有用的知识，那么，用户自然会对你发布的中视频感兴趣。

比如说，许多人觉得数学这门学科学习起来比较困难，而某运营者便是通过对常见数学题的讲解为用户提供快捷的解题方法，从而吸引用户关注账号的。图 2-17 所示，为该运营者发布的中视频。

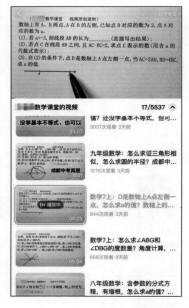

图 2-17　通过知识传授吸引用户关注

2.2.9　传递能量：健康乐观积极向上

运营者在中视频中要体现出积极乐观的一面，向用户传递正能量。什么是正能量？百度百科给出的解释是："正能量指的是一种健康乐观、积极向上的动力和情感，是社会生活中积极向上的行为。"接下来，笔者将从 3 个方面结合具体案例进行解读，让大家了解什么样的中视频内容才是正能量的内容。

1. 好人好事

好人好事包含的范围很广，它既可以是见义勇为，为他人伸张正义；也可以是拾金不昧，主动将财物交还给失主；还可以是看望孤寡老人，慰问环卫工人……如图 2-18 所示。

图 2-18　展示好人好事内容的中视频

用户在看到这类视频时，会从那些做好人好事的人身上看到善意，会感受到这个社会的温度。同时，这类视频很容易触及用户柔软的内心，让其看后忍不住想要点赞。

2．文化内容

文化内容包含书法、美术和武术等，这类内容在中视频平台中具有较强的号召力。如果运营者有文化内容方面的特长，就可以通过中视频展示出来，让用户感受到文化的魅力。图 2-19 所示的中视频，便是通过展示书法让用户感受到文化魅力的。

图 2-19　展示文化内容的中视频

3．努力拼搏

当用户看到中视频中那些拼搏者的身影时，会感受到满满的正能量，这会让用户在深受感染之余，从内心产生一种认同感。而用户表达认同的一种方式就是对视频进行点赞，因此，那些传递努力拼搏精神的中视频，通常比较容易获得较高的点赞量。

图 2-20 所示，为展示努力拼搏、奋勇向前精神的中视频。许多对学习和工作感到迷茫的用户在看到该视频之后，找到了奋勇向前的力量和努力拼搏的动力，于是纷纷为该视频点赞。

图 2-20　展示努力拼搏内容的中视频

/ 2.3　掌握好内容的展示技巧

虽然每天都有成千上万的中视频运营者将自己精心制作的视频上传到各中视频平台上，但能够登上热门的视频却寥寥无几。那么到底什么样的视频才能够被推荐成为热门视频？本节笔者将介绍视频登上热门的常见技巧。

2.3.1　发现美好：记录生活分享快乐

生活中处处充满美好，缺少的只是发现美好的眼睛。用心记录生活，生活也会时时回馈给你惊喜。下面我们就来看看中视频平台上的达人们是如何通过拍摄平凡的生活片段来赢得大量用户关注的。

有时候，我们在不经意间可能会发现一些平时关注不到的东西，或者是创造出一些新事物，此时这些新奇的事物便有可能会让人觉得非常美好。例如，某位运营者将开心果壳作为主要材料，制作出了一枝腊梅，并用该腊梅装点了屋子，这便属于自己创造了生活中的美好，如图2-21所示。

图2-21 展示美好生活内容的中视频

生活中的美好所涵盖的面非常广，一些简单的快乐也属于此类。例如，一个生活在城市的孩子在体验农村生活的过程中，只要接触到新事物，脸上就会露出开心的笑容，这便属于一种简单的快乐。

2.3.2 设计内容：剧情反转增加看点

中视频中出人意料的反转往往能让人眼前一亮。运营者在制作视频内容时要打破惯性思维，让用户在看开头时猜不透结局的动向。这样，当用户看到结果时，便会豁然开朗，忍不住为视频点赞。

例如，某条中视频中，一位女士在闺蜜面前看着好像什么都不在乎似的，闺蜜向她借口红涂一下，她并没有因为这是自己的私人用品就不借，而是说随便拿；闺蜜借了钱没还，她说没关系，不用还了；闺蜜抢了她的男朋友，她非但不生气，还祝闺蜜和自己的男朋友百年好合。

看到这位女士的上述表现之后，许多人都会认为这位女士很好说话。毕竟上面几件事无论是哪一件发生在自己身上，许多女性都会十分介意，但这位女士看上去却满不在乎。然而没有想到的是，当这位女士的快递送到之后，她的闺蜜说帮她拆了，这位女士却马上变了脸色，一下子就变得满脸怒气，也就是这个事件，让剧情马上就出现了反转，用户看后纷纷进行点赞。

这个中视频的反转剧情之所以能获得用户的喜爱，主要是因为闺蜜私拆那位女士的快递，与前几件事相比，这件事似乎并不算是什么大事。但却没想到，就是这看起来不太起眼的事，却触碰到了这位女士的底线。因此，这个中视频的剧情反转发生在许多人的意料之外，增添了看点，让人不禁为其点赞。

2.3.3　融入创意：奇思妙想脑洞大开

在中视频中，那些具有奇思妙想的内容从来不缺少粉丝的喜爱和点赞，因为这些创意让用户感觉很奇妙，甚至会觉得非常神奇。

运营者可以结合自身优势打造出中视频创意。例如，一名擅长雕花的运营者拍摄了一条展示西瓜雕刻作品的中视频，用户在看到该中视频之后，因其独特的创意和高超的技艺而纷纷点赞，如图2-22所示。

除了展示各种技艺，运营者还可以通过奇思妙想来打造一些生活技巧。例如，一位运营者通过一条展示抹布油污清洗技巧的中视频，获得了大量用户的点赞，如图2-23所示。

图 2-22　展示西瓜的创意雕刻

图 2-23　展示清洗抹布油污的技巧

2.3.4　话题打造：设计内容引发讨论

很多用户发布的内容都是原创的，在制作方面也花了不少心思，但却得不到平台的推荐，用户点赞和评论也都很少，这是为什么呢？

其实一条视频想要在中视频平台上火起来，除了天时、地利和人和以外，还有两大重要的"秘籍"，一是要有足够吸引人的全新创意，二是内容的丰富性。运营者要想做到这两点，需要紧抓热点话题，丰富自己账号中视频的内容形式，发展更多的视频创意玩法。

具体来说，紧跟热点话题有两种方法，一种是根据当前发生的大事、大众热议的话题来打造内容。例如，2020 年 12 月中旬，我国多地都下起了雪。由于这是很多地区 2020 年的第一场雪，所以很快就引发了人们的热议。于是，部分运营者便围绕该话题打造中视频内容，如图 2-24 所示。

图 2-24　围绕下雪话题打造的中视频

　　另一种方法是根据其他平台的热门话题来打造内容。因为刷视频的用户具有一定的相似性，在某个视频平台中受欢迎的话题，拿到其他视频平台上，同样也可能会吸引大量用户的目光。而且因为有的中视频平台中，暂时还没有一个展示官方话题的固定版块，所以，此时与其漫无目的地搜索，倒不如借用其他视频平台中的热门话题来打造视频内容。

　　许多视频平台都会展示一些热点话题，运营者可以找到这些平台中的热点话题，然后结合相关话题打造中视频内容并进行发布。那么，如何寻找视频平台推出的热点话题呢？接下来，笔者就以抖音为例，进行具体的说明。

步骤 1 ▶ 登录抖音短视频 App，点击"首页"界面右上方的🔍按钮。

步骤 2 ▶ 进入抖音"发现"界面，在该界面的"猜你想搜"和"抖音热榜" 中会出现一些当前的热点事件和话题， 如图 2-25 所示。

图 2-25　查看抖音的热门事件和话题

第 3 章

Chapter Three

内容策划

/

设计中视频脚本和剧情

◀)) **学前提示**

　　内容策划是中视频制作的基础，脚本编写得好，剧情设计得好，拍出来的中视频通常就不会差。那么，如何编写天马行空的脚本，设计吸引眼球的剧情呢？本章笔者就来进行详尽解答。

? **要点展示**

/　脚本策划的技巧
/　脚本内容的编写
/　剧本情节的设计

/3.1　脚本策划的技巧

　　中视频脚本的策划是有技巧的，如果运营者掌握了脚本策划的技巧，那么根据策划的脚本制作的中视频就能够获得较为可观的播放量，其中，优质的中视频播放量甚至可以达到 10W+。具体来说，中视频脚本的策划有哪些技巧呢？本节笔者就来针对这些技巧分别进行解读。

3.1.1　视频脚本：三大类型可供选择

　　中视频脚本大致可以分为 3 大类型，每种类型各有优缺点，其适用的中视频类型也不尽相同。运营者在脚本编写的过程中，只需根据自身情况，选择相对合适的脚本类型来编写脚本即可。接下来，笔者就中视频脚本的 3 大类型进行简要说明。

1．拍摄大纲脚本

拍摄大纲脚本是指将需要拍摄的要点一一列出，并据此编写一个简单的脚本。这种脚本的优势就在于，它能够让中视频拍摄者更好地把握拍摄的要点，让中视频的拍摄具有较强的针对性。

通常来说，拍摄大纲类脚本比较适用于带有不确定性因素的新闻纪录片类的中视频和场景难以预先进行分镜头处理的故事片类的中视频。如果运营者需要拍摄的中视频内容没有太多的不确定性因素，那么这种脚本类型就不太适用。

2．分镜头脚本

分镜头脚本是指将一个中视频分为若干个具体的镜头，针对每个镜头安排内容的一种脚本类型。这种脚本的编写比较细致，它要求对每个镜头的具体内容进行规划，包括镜头时长、景别、画面内容和音效等。

通常来说，分镜头脚本比较适用于内容可以确定的中视频内容，如故事性较强的中视频。而内容具有不确定性的中视频，则不适合使用这种脚本类型，因为在内容不确定的情况下，分镜头的具体内容也是无法确定下来的。

3．文学脚本

文学脚本是指将小说或各种小故事进行改编，并以镜头语言的方式来进行呈现的一种脚本形式。与一般的剧本不同，文学脚本并不会具体指明演出者的台词，而是将中视频中人物需要完成的任务安排下去。

通常来说，文学脚本比较适用于拍摄改编自小说或小故事的中视频，以及拍摄思路可以控制的中视频。也正是因为拍摄思路可控，所以按照这种脚本拍摄中视频的效率也比较高。当然，如果拍摄内容具有太多的不确定性，拍摄思路又无法控制，那么就不适合使用这种脚本。

3.1.2　前期准备：确定视频整体思路

在编写脚本之前，运营者还需要做好一些前期的准备，以确定视频的整体内容思路。具体来说，编写脚本需要做好的前期准备工作如下。

（1）拍摄内容。每个中视频都应该有明确的主题，以及为主题服务的内容。而要明确中视频的内容，就需要在编写脚本时先将拍摄内容确定下来，列入脚本中。

（2）拍摄时间。有时候拍摄一条中视频涉及的人员比较多，此时，就需要通过拍摄时间的确定，来确保视频拍摄工作的正常进行。另外，有的中视频内容可能对拍摄的时间有一定的要求，这一类的视频制作也需要在脚本编写时就将拍摄时间确定下来。

（3）拍摄地点。许多中视频对于拍摄地点都有一定的要求，是在室内拍摄，还是在室外拍摄？是在繁华街道上拍摄，还是在静谧山林中拍摄？这些问题都应该在脚本编写时确定下来。

（4）背景音乐。背景音乐是中视频内容的重要组成部分，如果背景音乐用得好，甚至可以成为中视频内容的点睛之笔。因此，在编写脚本时，就需要结合视频内容确定下来适合中视频的背景音乐。

3.1.3　编写步骤：三步构建视频脚本

中视频脚本的编写是一个系统工程，一个脚本从空白到完成整体构建，需要经过 3 个步骤，具体如下。

（1）步骤 1：确定主题。确定主题是中视频脚本创作的第一步，也是关键性的一步。因为只有主题确定后，运营者才能围绕主题策划脚本内容，并在此基础上将符合主题的重点内容有针对性地展示给核心目标用户群。

（2）步骤 2：构建框架。主题确定之后，接下来要做的就是构建一个相对完整的脚本框架。例如，可以从什么人，在什么时间、什么地点，做了什么事，造成了什么影响的角度，勾勒出中视频内容的大体框架。

（3）步骤 3：完善细节。内容框架构建完成后，运营者还需要在脚本中对一些重点的内容细节进行完善，让整个脚本内容更加具体化。

例如，从"什么人"这个角度来说，运营者在脚本编写的过程中，可以对中视频中将要出镜的人员穿着、性格特征和特色化语言进行策划，让人物形象变得更加丰满和立体。

3.1.4　剧情策划：两个方面做好设定

剧情策划是脚本编写过程中需要重点把握的内容。在策划剧情的过程中，运营者需要从两个方面做好详细的设定，即人物设定和场景设定。

1．人物设定

人物设定的关键就在于通过人物的台词、情绪的变化和性格的塑造来构建一个立体的人物形象，让用户看完中视频之后，就会对视频中的相关人物留下深刻的印象。除此之外，成功的人物设定，还能让用户通过人物的表现对人物面临的相关情况更加地感同身受。

图 3-1 所示，为某中视频的相关画面，该视频中，运营者需要扮演两个角色，并且要从这两个角色的角度出发对同一件事做出反应。对于这种类型的视频，运营者在策划时就应该从性格、语言表达和服装等方面明确这两个角色的设定，这样用户在观看视频时便能感受出角色间的巨大反差。

图 3-1　相同人物不同角色的设定

2．场景设定

场景的设定不仅能够对中视频内容起到渲染作用，还能让中视频画面更加具有美感，更能吸引用户的关注。

具体来说，运营者在编写脚本时，可根据中视频主题的需求，对场景进行具体的设定。例如，如果运营者要制作宣传厨具的中视频，可以在编写脚本时，把场景设定在一个厨房中。

3.1.5　人物对话：旁白和台词的设计

在中视频中，人物对话主要包括中视频的旁白和人物的台词。中视频中人物的对话，不仅能够对剧情发展起到推动作用，还能显示出人物的性格特征。例如，要打造一个勤俭持家的人物形象，就可以在中视频中展示人物买菜时与店主讨价还价的场景。

因此，运营者在编写脚本时需要对人物对话多加重视，一定要结合人物形象来设计对话。有时候为了让用户对视频中的人物留下深刻印象，甚至需要为人物设计一些口头禅。

3.1.6　脚本分镜：针对性地策划内容

脚本分镜是指在编写脚本时将中视频内容分割为一个个具体的镜头，并针对具体的镜头策划内容。通常来说，脚本分镜主要包括分镜头的拍法（包括景别和运镜方式）、镜头时长、镜头画面内容、旁白和背景音乐等。

脚本分镜实际上就是将中视频制作这个大项目，分解为一个个具体可行的小项目（即一个个分镜头）。因此，在策划分镜头内容时，不仅要将镜头内容具体化，还要考虑到分镜头拍摄的可操作性。

/ 3.2 脚本内容的编写

脚本的编写对于中视频制作来说至关重要。那么中视频脚本内容要怎样来编写呢？笔者认为，运营者可以从以下 5 个方面进行考虑。

3.2.1 准确规范：脚本编写的基本要求

随着互联网技术的发展，网络上每天更新的信息量是十分惊人的。"信息爆炸"的说法主要来源于信息的增长速度，庞大的原始信息量和更新的网络信息量以新闻、娱乐和广告信息为传播媒介作用于每一个人。

对于运营者而言，要想让中视频内容被大众认可，能够在庞大的信息量中脱颖而出，那么首先需要做到的就是内容的准确性和规范性。在实际的应用中，内容的准确性和规范性是任何中视频脚本编写的基本要求，具体的编写要求如图 3-2 所示。

之所以要规范地进行脚本的编写，主要是因为中视频的制作是以脚本为基础的，脚本规范了，制作出来的中视频也就规范了。规范的文案信息更能够被用户理解，中视频的传播效果也会更好，同时，规范的文案信息也能够节省产品的相关资金投入和人力资源投入。

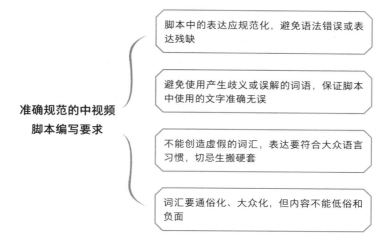

准确规范的中视频
脚本编写要求

脚本中的表达应规范化，避免语法错误或表达残缺

避免使用产生歧义或误解的词语，保证脚本中使用的文字准确无误

不能创造虚假的词汇，表达要符合大众语言习惯，切忌生搬硬套

词汇要通俗化、大众化，但内容不能低俗和负面

图 3-2　准确规范的中视频脚本编写要求

3.2.2　立足热点：找到更有热度的内容

热点之所以能成为热点，就是因为有很多人关注，把它给炒热了，而某个内容成为热点之后，许多人便会对其多一分兴趣。所以，在脚本编写过程中，如果能够围绕热点打造内容，那么打造出来的中视频就能更好地吸引用户。

2020 年 11 月开始，随着电视剧《大秦赋》的热播，该电视剧也开始成为一个热点，与其相关的中视频内容也受到了许多用户的欢迎。正因如此，很多运营者开始围绕该电视剧编写脚本，并打造相关的中视频内容，如图 3-3 所示。

果然，这些中视频内容发布之后，短期内便吸引了大量用户的关注，其相关中视频的多项数据也创造了账号中视频的新高，由此不难看出围绕热点打造内容对于中视频宣传推广的助益。

图 3-3　围绕热点打造的中视频

3.2.3　符合定位：视频营销内容要精准

在编写脚本时，运营者应该立足定位精准地进行营销。内容精准定位同样属于中视频运营的基本要求之一，每一个成功的中视频都具备这一特点。图 3-4 所示，为一个关于女装营销的中视频。

这个中视频的成功之处就在于，根据自身定位明确地指出了目标消费者是微胖女生（女孩），从而快速吸引大量精准用户的目光。对于运营者而言，在编写脚本时要想做到内容的精准定位，可以从如图 3-5 所示的 4 个方面入手。

图 3-4　女装营销类中视频

内容精准定位的
相关分析

簡单明了，以尽可能少的文字表达出产品精髓，保
证广告信息传播的有效性

尽可能地打造精练的广告文案，用于吸引用户的注
意力，也方便用户迅速记住相关内容

在语句上使用简短文字的形式，以便更简捷地表达
文字内容，同时也防止用户产生阅读上的疲倦感

从用户角度出发，对用户需求进行换位思考，并将
有针对性的相关内容直接体现在文案中

图 3-5　内容精准定位的相关分析

3.2.4　个性表达：加深用户的第一印象

个性化的表达，能够加深用户的第一印象，让用户看一眼就能记住中视频内容。图 3-6 所示，为某中视频的相关画面，该视频就是通过个性化的文字表达来赢得用户关注的。

图 3-6　个性化的文字表达

对于运营者而言，每一个优质的中视频刚开始时都只是一张白纸，需要创作者不断地在脚本中添加内容才能成型。而个性化的中视频则可以通过清晰、别样的表达，在吸引用户关注、快速让用户接收内容的同时，激发用户对相关产品的兴趣，促进产品信息的传播，以提高产品的销量。

3.2.5　创意营销：用创新获得更多关注

创意对于任何行业都十分重要，尤其是在网络信息极其发达的当今社会，自主创新的内容往往能够让人眼前一亮，进而获得更多用户的关注。

图 3-7 所示，为一条关于创意手工的中视频，该视频运营者制作了一个与石榴果肉外形相似的耳环，因为运营者的手艺比较好，所以将该耳环放在石榴中也看不出来这是人工制作的。看完这条中视频之后，许多用户都因该视频中耳环的制作创意而纷纷点赞。

图 3-7　创意十足的中视频

创意是为中视频主题进行服务的，所以中视频中的创意必须与主题有着直接的关系，创意不能生搬硬套，牵强附会。在常见的优秀案例中，文字和图片的双重创意往往比单一的创意更能够打动人心。

对于正在创作中的中视频而言，要想突出相关产品和内容的特点，还需在保持创意的前提下通过多种方式更好地编写脚本，并精心打造中视频文案。中视频文案的表达主要有 8 个方面的要求，具体为：词语优美、方便传播、易于识别、内容流畅、契合主题、易于记忆、符合音韵和突出重点。

/ 3.3 剧本情节的设计

相比于一般的中视频，那些带有情节的故事类中视频往往更能吸引用户的目光，让用户更有兴趣看完整个视频。当然，绝大多数中视频的情节都是设计出来的。那么，如何通过设计，让中视频的剧本情节更具有戏剧性，更能吸引用户的目光呢？本节笔者就来为大家介绍 4 种剧情设计的方法。

3.3.1 服务人物：通过剧情强化人设

在中视频账号的运营过程中，运营者要对中视频内容进行准确的定位，即确定该账号侧重于发布哪方面的内容。内容定位完成后，运营者就可以根据定位设计剧情，并通过中视频来加强人设的特征。

人设就是人物设定，简单来理解，就是给人物贴上一些特定的标签，让用户可以通过这些标签准确地把握人物的某些特征，进而让人物形象在用户心中留下深刻的印象。

图3-8所示的中视频中，某运营者的顾客需要吃茶叶蛋，于是该运营者便去采茶然后制作茶叶蛋。因为该顾客在东北，所以该运营者又从南方一路跑（视频剪辑效果）到了东北，想把茶叶蛋送给顾客。

图3-8　通过定位加强人设特征

在这个账号中，运营者经常会发布一些中视频来加强某位主要出镜人物的"全能外卖小哥"形象（顾客有什么问题都能解决），让用户牢牢记住了中视频中这位能力强、负责任的外卖小哥。很显然，运营者正是通过清晰的内容定位来加强人设特征的。

3.3.2　幽默搞笑：借助视频传递快乐

许多用户之所以要刷中视频，就是希望从中获得快乐。基于这一点，运营者要擅长写段子，通过幽默搞笑的中视频剧情给用户传递快乐。

图 3-9 所示，为某中视频的相关画面。该视频就是通过将多个段子进行组合，来给用户传递快乐。因为视频中的这些段子本身就比较幽默，而且后期的配音也起到了画龙点睛的作用，所以该视频很容易就吸引了许多用户的目光。

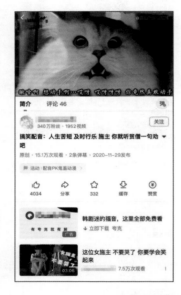

图 3-9　幽默搞笑的中视频

看完这个中视频之后，许多用户都会觉得这个视频非常幽默搞笑。因此看完之后会心一笑，不禁纷纷为中视频的剧情点赞。

3.3.3　结合时事：根据热点设计剧情

为什么许多人都喜欢看各种新闻？那是因为大家能够从新闻中

获取时事信息。基于这一点，运营者在制作中视频内容的过程中，可以根据一些网络热点资讯设计中视频的剧情，以增加中视频内容的实时性，让中视频内容满足用户获取时事信息的需求。

2020 年 5 月 28 日《中华人民共和国民法典》正式通过，并于 2021 年 1 月 1 日开始施行。因为该民法典中的相关条例与人们的日常生活息息相关，所以该民法典很快便引发了热议，于是许多运营者结合该网络热点设计了中视频剧情，如图 3-10 所示。

图 3-10　结合网络热点资讯的中视频

从图 3-10 中不难看出，这种结合网络热点资讯打造的中视频内容，推出之后往往能迅速获得部分用户的关注。这主要是因为一方面用户需要获得有关的热点资讯，另一方面如果这些热点资讯带有相关性，那么用户在看到与其相关的中视频时，也会更有点击查看的兴趣。

3.3.4　娱乐大众：利用花边消息吸睛

娱乐性的新闻，特别是关于明星或名人的花边消息，一经发布往往能快速吸引许多人的关注，并引起人们的热议。这一点其实很好理解，毕竟明星和名人都属于公众人物，他们往往都会想要安静地过好自己的个人生活，而不想让自己的花边消息被大众看到，也正是因为无法轻易看到，所以一旦某位明星或名人的花边消息被爆料出来，便能快速吸引许多用户的目光。

基于这一点，运营者在制作中视频的过程中，可以适当结合娱乐新闻打造中视频剧情，甚至还可以直接制作一个完整的中视频，对该娱乐新闻中的相关内容进行具体的解读。

图 3-11 所示，为两条关于娱乐性新闻的中视频。因为这两个中视频中出现的人物都是明星，所以这两条中视频发布之后，便快速引起了许多用户的围观，而这两条中视频也迅速成为了热门中视频。

图 3-11　关于娱乐性新闻的中视频

第 4 章

Chapter Four

视频拍摄

/

掌握中视频制作的技巧

◀)) **学前提示**

　　做任何事情都是有技巧的，拍摄中视频也是如此。运营者要
想快速拍出高质量的中视频素材，需要重点做好 3 个方面的工作，
即选择合适的拍摄工具、掌握拍摄的基本技巧和了解特色视频的
录制方法。

(?) **要点展示**

　　╱　拍摄工具的选择与使用
　　╱　视频拍摄的基本技巧
　　╱　特色视频的录制方法

╱ 4.1　拍摄工具的选择与使用

　　为了快速拍摄出高质量的中视频素材，运营者及相关人员需要
选择好拍摄的工具。本节笔者就来对拍摄中视频时需要重点选择与
使用的工具，进行具体的说明。

4.1.1　拍摄设备：根据需求进行选择

　　中视频的主要拍摄设备包括手机、单反相机、微单相机、迷你
摄像机和专业摄像机等，运营者及相关人员可以根据自己的资金状
况和拍摄需求来进行选择。运营者首先需要对自己的拍摄需求做一
个定位，明确到底是用来进行艺术创作，还是纯粹用来记录生活。
接下来笔者就根据拍摄需求对拍摄设备的选择进行介绍。

1. 要求不高的运营者，使用手机即可

对于那些对中视频品质要求不高的运营者来说，普通的智能手机即可满足拍摄需求，手机也是目前大部分运营者常用的拍摄设备。

智能手机的摄影技术在过去几年里得到了长足进步，手机摄影也变得越来越流行，其主要原因在于手机摄影功能越来越强大，手机价格比单反更具竞争力，移动互联时代分享上传视频更便捷等，而且手机可以随身携带，能够满足随时随地拍摄视频的需求。

手机摄影功能的发展，使拍摄中视频变得更容易实现，这也让越来越多的人成为专业的中视频制作者。如今，很多优秀的手机摄影作品甚至可以与数码相机拍出来的媲美。例如，某款手机采用麒麟 990 旗舰芯片与双 4000 万像素的四摄镜头，满足 7680 帧的超高速摄影需求，能够帮助运营者轻松捕捉复杂环境下的艺术光影，让运营者更好地做"自己生活中的导演"。

2. 专业拍摄视频，可使用单反、微单或摄像机

如果运营者专业从事摄影或中视频制作方面的工作，或是属于"骨灰级"的中视频玩家，那么单反相机或者高清摄像机则是必不可少的摄影设备。图 4-1 所示，为单反相机和高清摄像机的常见样式。

图 4-1　单反相机（左）和高清摄像机（右）的常见样式

微单是功能介于单反和卡片机之间的一种摄影工具，因为它没有反光镜和棱镜，因此体积也更加微型小巧，同时还可以获得媲美单反的画质。微单比较适用于普通运营者的拍摄需求，它不但比单反更加轻便，而且还拥有专业性与时尚的特质，同样能够获得不错的视频画质表现力。

如果运营者要购买微单相机，笔者建议购买全画幅的微单相机，因为这种相机的传感器比较大，感光度和宽容度都较高，拥有不错的虚化能力，画质也更好。同时，运营者还可以根据不同中视频内容题材，来更换合适的镜头，拍出有电影感的视频画面效果。

此外，这些专业设备拍摄的中视频素材通常还需要结合电脑的后期处理，否则效果无法完全呈现出来。

4.1.2 录音设备：产品性价比很重要

普通的中视频直接使用手机录音即可，而采访类、教程类、主持类、情感类或是剧情类等对录音质量要求比较高的中视频，则需要选择性价比较高的录音设备。

通常来说，不同品牌、不同款式的录音设备具有不同的特点，运营者可以根据录音设备的特点和自身需求的符合程度，来进行录音设备的选择。例如，如果运营者拍的是谈话节目类的中视频场景，则需要选择一款体积小点的录音笔，这样适合单手持用，同时能够保证采集的人声集中与清晰，收录效果也会比较好。

4.1.3 灯光设备：运用光线进行拍摄

在室内或者专业摄影棚内拍摄中视频时，通常需要保证光感清晰、环境敞亮和可视物品整洁，这就需要具备明亮的灯光和干净的背景。光线是获得清晰视频画面的有力保障，合适的光线能增强画面的美感。下面笔者介绍一些拍摄专业中视频时比较常用的灯光设备。

（1）八角补光灯。这种灯光适合于各种音乐类、舞蹈类和带货类等拍摄场景。其具体打光方式以实际拍摄环境为准，建议一个顶位、两个低位。图 4-2 所示，为八角补光灯的常见样式。

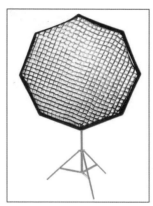

图 4-2　八角补光灯的常见样式

（2）顶部射灯。这种灯光功率通常为 15 ～ 30W，运营者可以根据拍摄场景的实际面积和安装位置来选择合适的射灯强度和数量。这种灯光适合于舞台、休闲场所、居家场所、娱乐场所、服装商铺和餐饮店铺等拍摄场景。图 4-3 所示，为顶部射灯的常见样式。

（3）美颜面光灯。美颜面光灯通常带有美颜、美瞳和靓肤等功能，光线质感柔和，同时可以随场景自由调整光线亮度和补光角度拍出不同的光效。这种灯光适合于拍摄彩妆造型、美食试吃、主播直播以及人像视频等拍摄场景。图 4-4 所示，为美颜面光灯的常见样式。

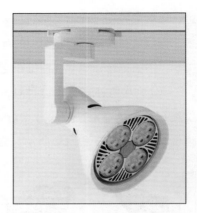

图 4-3 顶部射灯的常见样式

图 4-4 美颜面光灯的常见样式

4.1.4 辅助设备：拍出电影大片效果

对于新手来说，拍摄中视频可能一个手机就完全足够了，但对于专业运营者来说，可能需要购买一大堆辅助设备。下面笔者就来介绍几种拍摄中视频的常见辅助设备。

（1）手机云台。云台的主要功能是稳定拍摄设备，防止抖动造成的画面模糊。它主要适用于拍摄户外风景或者人物动作类中视频。图 4-5 所示，为手机云台的常见样式。

图 4-5　手机云台的常见样式

（2）运动相机。运动相机设备可以还原每一个动作瞬间，可以记录更多转瞬即逝的动态之美或奇妙表情等丰富的画面细节，还能保留相机的转向运动功能，带来稳定、清晰和流畅的视频画面效果。运动相机能轻松应对旅拍、Vlog（视频博客）、直播和生活记录等各种场景的拍摄需求。图 4-6 所示，为运动相机的常见样式。

（3）无人机。无人机主要用来进行高空航拍，能够拍摄出宽广大气的视频画面效果，给人一种气势恢宏的感觉。当需要拍摄移动中的物体时，无人机也是一种不错的拍摄设备。图 4-7 所示，为无人机的常见样式。

图 4-6　运动相机的常见样式

图 4-7　无人机的常见样式

（4）外接镜头。运营者可以在手机上扩展各种外接镜头设备，主要包括微距镜头、偏振镜、鱼眼镜头、广角镜头和长焦镜头等，以便能够满足更多的拍摄需求。图 4-8 所示，为手机外接镜头套装的常见样式。

（5）三脚架。三脚架主要用于在拍摄视频时稳固手机或相机，它能为创作中视频作品提供一个稳定的平台。购买三脚架时需注意，由于它主要起到一个稳定手机的作用，所以脚架需要十分结实才行。但由于其经常需要被携带，所以又需要具有轻便、易携带的特点。图 4-9 所示，为三脚架的常见样式。

图 4-8　手机外接镜头的常见样式

图 4-9　三脚架的常见样式

/ 4.2　视频拍摄的基本技巧

要想快速拍出高质量的中视频素材，除了要选择合适的拍摄工具，还需要掌握必要的视频拍摄技巧。本节笔者将重点为大家讲解 4

个视频拍摄技巧，来帮助大家更好、更快地拍出高质量的中视频素材。

4.2.1 精准聚焦：确保画面稳定清晰

如果在拍摄中视频时主体对焦不够准确，则很容易造成画面模糊的现象。为了避免出现这种情况，可以使用支架、手持稳定器、自拍杆或其他物体来固定手机，防止镜头在拍摄时出现抖动。

另外，还可以在拍摄时点击屏幕，让相机的焦点对准画面中的主体，然后再点击拍摄按钮开始录制视频，这样既可获得清晰的视频画面，同时还能突出主体对象。其中，部分中视频平台中的对焦功能比较简单，直接点击屏幕切换对焦点即可。而快手则多了一项曝光调整功能，不仅可以切换对焦点，而且还可以通过拖曳图标来精准控制主体的曝光范围，如图 4-10 所示。

图 4-10　快手的对焦和曝光调整功能

4.2.2　专业模式：满足特殊拍摄需求

很多手机自带的相机应用软件都有专业拍摄模式，可以自主调整更多参数，如延时拍摄、慢动作拍摄、慢门光影拍摄、大光圈虚化背景拍摄、GIF 动画拍摄、人脸识别自动补光、添加水印、微距拍摄和自动美颜等功能。这些功能可以让普通人也能轻松拍出各种有趣的视频画面。

在拍摄中视频时，可以调出手机的专业模式，然后选择对应的功能即可。不同的手机拥有不同的拍摄功能，运营者可以自行探索和试拍。

4.2.3　相机设置：选好分辨率和格式

在拍摄中视频之前，需要选择正确的分辨率和文件格式，通常建议将分辨率设置为 1080P（FHD）、18∶9（FHD＋）或 4K（UHD）。

FHD 是 Full High Definition 的缩写，即全高清模式。FHD＋是一种略高于 2K 的分辨率，也就是加强版的 1080P，而 UHD（Ultra High Definition）则是超高清模式，即日常生活中常见的 4K 模式，其分辨率是全高清（FHD）模式的 4 倍。

例如，部分中视频平台的默认竖屏分辨率为 1080×1920，横屏分辨率为 1920×1080。运营者在上传拍好的中视频后，系统会对其进行压缩，因此，建议运营者先对视频进行修复处理，避免上传后产生画面模糊的现象。

4.2.4 拍摄姿势：跟着网红学习拍照

中视频平台中的拍摄姿势，与传统的人像摄影姿势还是有一些区别的，笔者通过分析这些平台上的大部分热门作品，将网红拍照方式总结为"不好好站着"和"不好好坐着"两大类。

（1）"不好好站着"。在中视频中，人物可以更加无拘无束地摆弄身体，也可以做出一些小动作，如举手、踢脚、单手叉腰和歪头等，或者一群人摆出一个集体造型，拍出亮眼、好玩的创意姿势，如图 4-11 所示。

（2）"不好好坐着"。在拍摄人物坐姿的中视频画面时，可以摆出各种可爱有趣的表情动作，如双手抱膝、盘腿坐、遮眼、剪刀手、猫爪手、托下巴、眨眼等，如图 4-12 所示。

图 4-11 "不好好站着"的拍摄示例　图 4-12 "不好好坐着"的拍摄示例

/ 4.3 特色视频的录制方法

有了账号定位，有了拍摄对象，有了内容风格后，我们还缺什么呢？此时，你只要在中视频中加入一点点创意玩法，这个作品或许离火爆就不远了。本节笔者将为大家总结一些特色中视频常用的录制方法，希望能够帮助大家快速打造出爆款中视频。

4.3.1 电影解说：对内容进行再创作

在中视频平台中，常常可以看到各种电影解说类中视频，这种中视频的内容创作形式相对简单，运营者只要会剪辑软件的基本操作即可完成。电影解说类中视频的主要内容形式为剪辑电影中的剧情，同时配以语速轻快、幽默诙谐的配音解说。如图 4-13 所示，为电影解说类中视频的案例。

这种内容形式的主要难点在于需要在短时间内将电影内容进行解说，这需要运营者具有极强的文案策划能力，能够让用户快速对电影情节产生一个大致的了解。电影解说类中视频的制作技巧如图 4-14 所示。

除直接解说电影内容，进行二次原创外，也可以将多个影视作品进行排名对比，做成一个 TOP 排行榜，对比的元素可以多种多样。这种电影解说的中视频时长通常为 1min 左右，甚至更长。

图 4-13　电影解说类中视频

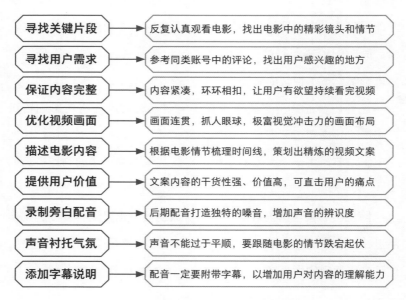

寻找关键片段	→	反复认真观看电影，找出电影中的精彩镜头和情节
寻找用户需求	→	参考同类账号中的评论，找出用户感兴趣的地方
保证内容完整	→	内容紧凑，环环相扣，让用户有欲望持续看完视频
优化视频画面	→	画面连贯，抓人眼球，极富视觉冲击力的画面布局
描述电影内容	→	根据电影情节梳理时间线，策划出精炼的视频文案
提供用户价值	→	文案内容的干货性强、价值高，可直击用户的痛点
录制旁白配音	→	后期配音打造独特的噪音，增加声音的辨识度
声音衬托气氛	→	声音不能过于平顺，要跟随电影的情节跌宕起伏
添加字幕说明	→	配音一定要附带字幕，以增加用户对内容的理解能力

图 4-14　电影解说类中视频的制作技巧

4.3.2　游戏录屏：两种录制方法解密

游戏类中视频是一种非常火爆的内容形式，在制作这种类型的内容时必须掌握游戏录屏的操作方法。具体来说，游戏录屏可以分为两种，即手机录屏和电脑录屏。接下来，笔者就来分别进行解读。

1．手机录屏

大部分的智能手机自带录屏功能。以苹果手机为例，可以通过如下步骤进行手机录屏。

步骤 1 ▶ 点击手机桌面的"设置"图标，如图 4-15 所示。

步骤 2 ▶ 进入"设置"界面，点击"控制中心"一栏，如图 4-16 所示。

图 4-15　点击"设置"图标　　图 4-16　点击"控制中心"一栏

步骤3 ▶ 进入"控制中心"界面，点击"屏幕录制"前方的 ⊕ 按钮，如图4-17所示。

步骤4 ▶ 操作完成后，"控制中心"界面的"包含的控制"版块中如果出现"屏幕录制"一栏，说明"屏幕录制"功能已成功添加至"控制中心"，如图4-18所示。

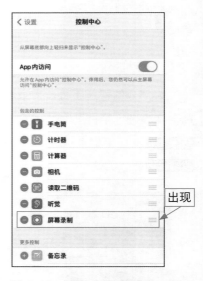

图 4-17　点击 ⊕ 按钮　　　　图 4-18　出现"屏幕录制"一栏

步骤5 ▶ "屏幕录制"功能成功添加至"控制中心"后，点击手机界面中的"辅助触控"按钮（悬浮在手机界面上的半透明按钮），在弹出的对话框中点击"控制中心"按钮，进入"辅助触控"的"控制中心"界面，点击界面中的 ◉ 按钮，如图4-19所示。

步骤6 ▶ 操作完成后，进入屏幕录制倒计时。倒计时结束后，如果 ◉ 按钮变成 ◉ 按钮，说明屏幕录制正在进行中，如图4-20所示。

步骤7 ▶ 需要录制的内容结束后，只需点击 ◉ 按钮即可完成屏幕录制。

图 4-19　点击●按钮　　　图 4-20　屏幕录制正在进行

对于没有录屏功能的手机来说，也可以去手机应用商店中搜索下载一些录屏软件。另外，还可以通过剪印 App 的"画中画"功能，来合成游戏录屏界面和主播真人出镜的画面，以制作出更加生动的游戏类中视频作品。

2．电脑录屏

电脑录屏工具非常多，如 Windows 10 系统和 PPT 2016 都自带录屏功能。在 Windows 10 系统中，可以按 Win+G 快捷键调出录屏工具栏，然后单击红色圆形按钮即可开始录制电脑屏幕，如图 4-21 所示。

当然，上面介绍的都是比较简单的录屏方法，这些方法的优点在于操作起来快捷方便。如果想制作更加专业的教学类视频或者游戏直播视频，则需要下载功能更为丰富的专业录屏软件。另外，也可以在电脑上安装手机模拟器。很多模拟器不仅可以让运营者在电脑上畅玩各种手游和应用软件，而且录制游戏视频也更为便捷。

图 4-21　Windows 10 系统的录屏工具

4.3.3　热梗演绎：利用好话题的热度

拍摄中视频，除了靠自身的创意想法，还可以多收集一些热梗，这些热梗通常自带流量和话题属性，能够吸引大量观众的点赞。运营者可以将视频的点赞量、评论量和转发量作为筛选依据，找到并收藏抖音、快手等平台上的热门视频，然后进行模仿、跟拍和创新，来打造自己的优质中视频作品。

例如，"用盆喝奶茶"这个热梗就被大量用户翻拍，这种来源于日常生活的片段被大家演绎得十分富有创意。许多中视频平台中甚至还出现了"用缸吃奶昔"的视频，如图 4-22 所示。

同时，也可以在自己的日常生活中寻找这种创意搞笑视频的热梗，然后采用夸大化的创新方式将这些日常细节演绎出来。另外，在策划热梗内容时，还需要重点把握好以下几个关键元素。

（1）视频的拍摄门槛低，发挥空间大。

（2）剧情内容有创意，牢牢紧扣观众生活。

图 4-22　"用缸吃奶昔"的视频

（3）将需要销售的产品作为道具，在视频中展现出来。

4.3.4　课程教学：拍出分享类中视频

在中视频时代，我们可以非常方便地将自己掌握的知识录制成课程教学类中视频，然后通过中视频平台来传播并售卖给用户，从而获得不错的收益和知名度。下面笔者总结了一些创作知识技能类中视频的相关技巧，如图 4-23 所示。

例如，某账号是一个分享职场 Excel 知识技能的中视频账号，该账号发布的中视频就以课程教学录制内容为主，如图 4-24 所示。

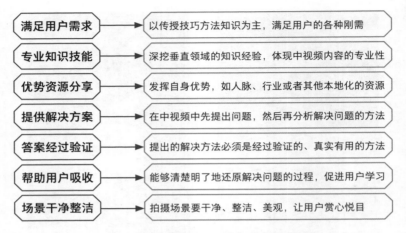

满足用户需求	以传授技巧方法知识为主，满足用户的各种刚需
专业知识技能	深挖垂直领域的知识经验，体现中视频内容的专业性
优势资源分享	发挥自身优势，如人脉、行业或者其他本地化的资源
提供解决方案	在中视频中先提出问题，然后再分析解决问题的方法
答案经过验证	提出的解决方法必须是经过验证的、真实有用的方法
帮助用户吸收	能够清楚明了地还原解决问题的过程，促进用户学习
场景干净整洁	拍摄场景要干净、整洁、美观，让用户赏心悦目

图 4-23　创作知识技能类中视频的相关技巧

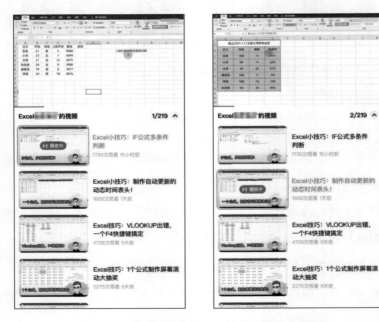

图 4-24　某账号发布的课程教学录制类中视频

第 5 章

Chapter Five

剪辑加工

／

提高中视频的整体质量

◀) **学前提示**

　　由于种种原因，许多运营者对自己拍摄的视频内容总会有些不满意的地方，或者说觉得给用户看的中视频应该还能更好。此时，运营者需要通过一些剪辑方法来提高中视频的整体质量。

② **要点展示**

　　初阶视频剪辑方法
　　高阶视频剪辑方法

/ 5.1 初阶视频剪辑方法

　　在进行中视频剪辑加工时，需要熟练掌握一些基础的视频剪辑方法（即初阶视频剪辑方法），这样既可提高视频剪辑的速度，又能快速增加视频内容的看点。

5.1.1 基本操作：视频的常见处理方法

　　在中视频剪辑的过程中，有一些基本的操作（如视频分割、复制、删除和变速）是必须要掌握的。下面笔者就以剪映 App 为例，对相关视频处理操作的具体步骤进行说明。

步骤 1 ▶ 进入剪映 App，点击"剪辑"界面中的"开始创作"按钮，如图 5-1 所示。

步骤 2 ▶ 进入 "最近项目" 界面，❶ 选择需要进行处理的中视频，
❷ 点击 "添加" 按钮， 如图 5-2 所示。

图 5-1 点击 "开始创作" 按钮　　图 5-2 点击 "添加" 按钮

步骤 3 ▶ 操作完成后，进入 "视频处理" 界面，点击界面中的 "剪辑"
按钮， 如图 5-3 所示。

步骤 4 ▶ 移动时间轴至两个片段的相交处， 在弹出的菜单栏中点击
"分割" 按钮， 便可直接对视频进行分割， 如图 5-4 所示。

步骤 5 ▶ ❶ 选中需要复制的中视频片段，❷ 点击 "复制" 按钮，如
图 5-5 所示。 操作完成后，复制的片段会出现在时间轴的后方，如
图 5-6 所示。

图 5-3 点击"剪辑"按钮

图 5-4 点击"分割"按钮

图 5-5 点击"复制"按钮 图 5-6 复制的片段出现在时间轴后方

步骤 6 ▶ ❶ 选中需要删除的中视频片段，❷ 点击 "删除" 按钮，如图 5-7 所示。操作完成后，即可看到该片段已被删除，如图 5-8 所示。

图 5-7 点击 "删除" 按钮

图 5-8 所选片段已被删除

步骤 7 ▶ ❶ 选中需要进行变速处理的中视频片段，❷ 点击 "变速" 按钮， 如图 5-9 所示。

步骤 8 ▶ 操作完成后，界面下方会弹出变速方式的选择项，可以在 "常规变速" 和 "曲线变速" 之间进行选择。以选择 "常规变速" 为例，只需点击 "常规变速" 按钮即可， 如图 5-10 所示。

步骤 9 ▶ 在弹出的列表框中， 拖动⚫图标， 设置变速倍速， 然后点击✅图标， 如图 5-11 所示。

步骤 10 ▶ 操作完成后，返回至变速方式选择界面。如此时中视频的时间长度出现了变化， 说明变速处理成功， 如图 5-12 所示。

图 5-9　点击"变速"按钮

图 5-10　点击"常规变速"按钮

图 5-11　点击✔图标

图 5-12　变速处理成功

5.1.2 添加特效：让视频内容更加酷炫

在中视频中添加特效，可以让视频内容看上去更加酷炫。下面笔者就以剪映 App 为例，为大家介绍中视频添加特效的具体方法。

步骤 1 ▶ 在剪映 App 中导入视频素材，在"视频处理"界面中点击"特效"按钮，如图 5-13 所示。

步骤 2 ▶ 在弹出的列表框中，❶ 选择对应的特效，❷ 点击☑图标，如图 5-14 所示。

图 5-13　点击"特效"按钮

图 5-14　点击☑图标

步骤 3 ▶ 操作完成后，如视频轨道下方出现一条带有特效名称的轨道，说明特效添加成功，如图 5-15 所示。另外，还可以通过拖动特效轨道的长度，调整特效的覆盖范围。

步骤 4 ▶ 如果要替换特效，❶ 选中对应的特效轨道片段，❷ 点击"替换特效" 按钮， 如图 5-16 所示。

图 5-15　出现特效轨道　　图 5-16　点击"替换特效"按钮

步骤 5 ▶ 在弹出的列表框中，❶ 选择需要替换的特效，❷ 点击✓图标， 如图 5-17 所示。

步骤 6 ▶ 返回视频处理界面， 如特效名称变为刚刚选择的特效， 说明特效替换成功， 如图 5-18 所示。

步骤 7 ▶ 操作完成后，点击界面上方的 "导出" 按钮，即可预览视频处理后的效果， 并将视频保存至手机中备用。

5.1.3　添加滤镜：选择视频的呈现风格

在剪辑中视频时，选择的滤镜不同，中视频呈现出来的风格也会出现较大的差异。下面笔者就以剪映 App 为例，对添加滤镜的相关方法进行具体的介绍。

图 5-17　点击✓图标

图 5-18　特效替换成功

步骤 1 ▶ 在剪映 App 中导入视频素材，在视频处理界面中点击"滤镜"按钮，如图 5-19 所示。

步骤 2 ▶ 在弹出的列表框中，❶选择对应的滤镜效果，❷拖动◯图标，调整滤镜的数值，❸点击✓图标，如图 5-20 所示。

步骤 3 ▶ 操作完成后，如视频轨道下方出现一条带有滤镜名称的轨道，说明滤镜添加成功，如图 5-21 所示。另外，还可通过拖动滤镜轨道的长度，调整滤镜的覆盖范围。

步骤 4 ▶ 如想要增加新的滤镜，可点击"新增滤镜"按钮，如图 5-22 所示。

图 5-19　点击"滤镜"按钮

图 5-20　点击✓图标

图 5-21　出现滤镜轨道

图 5-22　点击"新增滤镜"按钮

步骤 5 ▶ 在弹出的列表框中，❶ 选择对应的滤镜效果，❷ 拖动◯图标，调整滤镜的数值，❸ 点击✓图标，如图 5-23 所示。

步骤 6 ▶ 操作完成后，如出现新的滤镜名称轨道，说明新增滤镜添加成功了，如图 5-24 所示。

图 5-23　点击✓图标

图 5-24　新增滤镜添加成功

步骤 7 ▶ 点击界面上方的"导出"按钮，即可预览视频处理后的效果，并将视频保存至手机中备用。

5.1.4　光影色调：让画面更加明亮好看

如果拍摄中视频时光线不太好，那么拍出来的视频画面会显得比较暗淡。此时就需要通过光影色调的调整，让画面变得明亮起来。下面笔者就以剪映 App 为例，对光影色调调整的具体方法进行说明。

步骤 1 ▶ 在剪映 App 中导入视频素材, 在视频处理界面中点击 "调节" 按钮, 如图 5-25 所示。

步骤 2 ▶ 在弹出的列表框中, 选择并点击需要进行调整的项目, 如 "亮度", 如图 5-26 所示。

图 5-25 点击 "调节" 按钮 图 5-26 点击 "亮度" 按钮

步骤 3 ▶ 在弹出的列表框中, ❶ 拖动⭕图标, 调整亮度的数值, ❷ 点击✔图标, 如图 5-27 所示。

步骤 4 ▶ 操作完成后, 如界面出现 "调节" 轨道, 说明 "亮度" 调节成功。如还需要进行其他调节, 可点击下方的 "新增调节" 按钮, 如图 5-28 所示。

步骤 5 ▶ 在弹出的列表框中, ❶ 点击 "对比度" 按钮, ❷ 拖动⭕图标, 调整对比度数值, ❸ 点击✔图标, 如图 5-29 所示。

步骤 6 ▶ 操作完成后, 如界面出现新的 "调节" 轨道, 说明对比度调节成功, 如图 5-30 所示。

图 5-27　点击✔图标　　　图 5-28　点击"新增调节"按钮

图 5-29　点击✔图标　　　图 5-30　对比度调节成功

步骤 7 ▶ 参照上述方法，对"饱和度""光感""锐化""高光"等进行调整。调整完成后，点击界面上方的"导出"按钮，即可预览视频处理后的效果，并将视频保存至手机中备用。

5.1.5 添加转场：更好地衔接视频画面

有时运营者是分段拍摄视频的，这样拍摄的视频画面会出现一个问题，那就是每段最后一个画面和下一段第一个画面的衔接不太顺畅。那么，这个问题要如何来解决呢？对此，只需在各段视频的间隔处添加转场效果，就可让整条中视频画面看起来更加顺畅。下面笔者就以剪映 App 为例，对中视频添加转场效果的具体方法进行说明。

步骤 1 ▶ 在剪映 App 中导入视频素材，将时间轴停留在视频段落的间隔处，点击"分割"按钮，将视频进行分割，如图 5-31 所示。

步骤 2 ▶ 操作完成后，点击视频分割处的Ⅰ图标，如图 5-32 所示。

图 5-31　点击"分割"按钮　　　图 5-32　点击Ⅰ图标

步骤 3 ▶ 在弹出的列表框中， ❶ 选择相应的转场效果， ❷ 拖动 ◯ 图标， 设置转场时长， ❸ 点击 ✔ 图标， 如图 5-33 所示。

步骤 4 ▶ 返回 "视频处理" 界面， 如果 Ⅰ 图标变成 ⋈ 图标， 说明转场添加成功， 如图 5-34 所示。

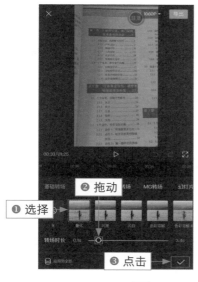

图 5-33　点击 ✔ 图标

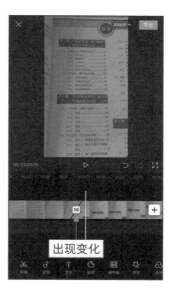

图 5-34　转场添加成功

步骤 5 ▶ 参照同样的方法， 在其他视频段落的间隔处添加转场。 转场添加完成后， 点击界面上方的 "导出" 按钮， 即可预览视频处理后的效果， 并将视频保存至手机中备用。

/ 5.2　高阶视频剪辑方法

除初阶视频剪辑方法外， 中视频运营者还有必要掌握一些高阶视频剪辑方法。这些高阶视频剪辑方法运用得好，可以达到为中视频增光添色的效果。

5.2.1　文字设置：对中视频进行说明

运营者可以通过文字的设置，对视频内容进行说明，让用户快速把握视频内容的重点。那么，如何在中视频中设置文字信息呢？下面笔者就以剪映 App 为例，为大家介绍具体的操作方法。

步骤 1 ▶ 在剪映 App 中导入视频素材，点击 "视频处理" 界面中的 "文本" 按钮，如图 5-35 所示。

步骤 2 ▶ 在弹出的列表框中，点击"新建文本"按钮，如图5-36所示。

图 5-35　点击"文本"按钮　　图 5-36　点击"新建文本"按钮

步骤 3 ▶ 在弹出的 "输入" 列表框中，❶ 输入文字信息，❷ 点击✓

图标，如图 5-37 所示。

步骤4 ▶ 操作完成后，如视频轨道下方出现一条文字输入信息轨道，说明文字设置成功，如图 5-38 所示。

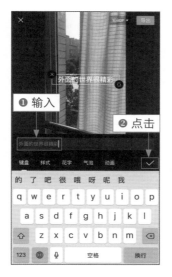

图 5-37　点击✓图标　　　　图 5-38　文字设置成功

步骤5 ▶ 除可设置普通文字外，还可对文字的"花字""气泡""动画"效果进行设置。以"花字"效果的设置为例，在弹出的输入列表框中，❶ 点击"花字"按钮，❷ 选择"花字"的显示效果，❸ 输入文字信息，❹ 点击✓图标，如图 5-39 所示。

步骤6 ▶ 操作完成后，如新增了一条文字轨道，说明"花字"效果设置成功，如图 5-40 所示。

步骤7 ▶ 在弹出的输入列表框中，点击"气泡"和"动画"按钮，进行类似的操作，可设置文字的"气泡"和"动画"效果。文字效果设置完成后，点击界面上方的"导出"按钮，可预览视频处理后的效果，并将视频保存至手机中备用。

图 5-39　点击☑️图标

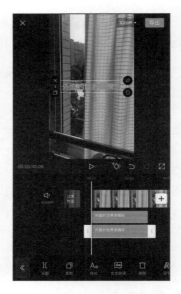

图 5-40　"花字"效果设置成功

5.2.2　歌词识别：一键显示歌词内容

为了烘托中视频的氛围，可在视频中插入背景音乐，此时便可借助"歌词识别"功能，将歌词显示在视频画面中。以剪映 App 为例，可以通过如下步骤一键显示歌词内容。

步骤 1 ▸ 在剪映 App 中导入带有背景音乐的视频素材，点击视频处理界面中的 "文本" 按钮，如图 5-41 所示。

步骤 2 ▸ 在弹出的列表框中，点击"识别歌词"按钮，如图 5-42 所示。

步骤 3 ▸ 在弹出的列表框中，点击"开始识别"按钮，如图 5-43 所示。

步骤 4 ▸ 识别完成后，如视频轨道下方出现一条歌词轨道，同时视频画面中出现歌词内容，说明歌词识别设置成功，如图 5-44 所示。

图 5-41　点击"文本"按钮　图 5-42　点击"识别歌词"按钮

图 5-43　点击"开始识别"按钮　图 5-44　歌词识别设置成功

步骤5 ▶ "歌词识别"操作完成后，点击界面上方的"导出"按钮，即可预览视频处理后的效果，并将视频保存至手机中备用。

5.2.3 贴纸效果：精心装扮视频内容

在剪映 App 中可以直接给中视频添加贴纸效果，让视频画面更加精彩有趣，下面介绍具体的操作方法。

步骤1 ▶ 在剪映 App 中导入视频素材，点击视频处理界面中的 "贴纸" 按钮， 如图 5-45 所示。

步骤2 ▶ 在弹出的列表框中，❶ 选择具体的贴纸效果，❷ 点击 ☑ 图标， 如图 5-46 所示。

图 5-45　点击"贴纸"按钮

图 5-46　点击 ☑ 图标

步骤3 ▶ 操作完成后，如视频轨道下方出现贴纸效果轨道，说明贴纸效果设置成功，如图 5-47 所示。

步骤 4 ▶ 参照同样的方法设置其他贴纸效果。操作完成后，点击界面上方的"导出"按钮，即可预览视频处理后的效果，并将视频保存至手机中备用。

5.2.4　自动踩点：让中视频更加动感

在中视频剪辑过程中，运营者可借助"自动踩点"功能，打造卡点中视频，让中视频看起来更加动感。以剪映 App 为例，可以通过如下步骤进行自动踩点设置。

图 5-47　贴纸效果设置成功

步骤 1 ▶ 在剪映 App 中导入带有音频的素材，点击视频处理界面中的"音频"按钮，如图 5-48 所示。

步骤 2 ▶ ❶ 选中音频轨道，❷ 点击"踩点"按钮，如图 5-49 所示。

步骤 3 ▶ 在弹出的列表框中，❶ 向右拖动 〇 图标，❷ 点击 ✓ 图标，如图 5-50 所示。

步骤 4 ▶ 操作完成后，如音频轨道中出现一些小黄点，说明自动踩点设置成功，如图 5-51 所示。

步骤 5 ▶ 自动踩点设置完成后，在音轨小黄点位置安排关键性的内容，即可制作卡点中视频。操作完成后，点击界面上方的"导出"按钮，即可预览视频处理后的效果，并将视频保存至手机中备用。

图 5-48　点击"音频"按钮

图 5-49　点击"踩点"按钮

图 5-50　点击✓图标

图 5-51　自动踩点设置成功

第 6 章
Chapter Six

账号定位

确定中视频的运营方向

◀)) 学前提示

在做一件事情之前一定要先找准方向，只有这样才能有的放矢，做中视频账号运营也是如此。那么，如何找准账号的运营方向呢？其中一种比较有效的方法就是，通过账号的定位从一开始就确定运营的方向。

? 要点展示

／ 账号定位的理由
／ 账号定位的维度
／ 账号定位的依据

/ 6.1 账号定位的理由

为什么要做好中视频的账号定位呢？笔者认为主要有下列 3 个理由：一是通过账号定位可以找准运营方向，确定自身运营的目标；二是做好账号定位之后，可为今后的内容策划提供方向；三是进行账号定位的过程也是自我审视的过程，账号定位做好之后，账号运营者自身的优势也就凸显了出来。

6.1.1 找准方向：确定账号的运营目标

做账号定位是找准账号运营方向，确定运营目标的一种有效方式。一旦账号定位确定了，运营方向和目标也将随之而确定下来。纵观中视频平台上的各类账号，基本上都是在确定账号定位的基础上找准运营方向和目标的。

从事某种职业（通常是专业性较强的职业）的运营者，可能会将账号定位为该职业专业知识的分享。例如，医生可以进行医学知识的科普，律师可以进行法律知识的普及，如图 6-1 所示。

图 6-1　将账号定位为职业知识的分享

某方面知识比较丰富的人群，可以将账号定位为该方面技巧的分享。例如，PS（Photoshop）处理经验比较丰富的运营者，可将账号定位为 PS 技巧分享账号，为用户持续分享 PS 处理方面的技巧，如图 6-2 所示。

有的运营者有某方面的兴趣爱好，并且有同样兴趣爱好的用户也比较多。此时，运营者就可以将账号定位为兴趣爱好内容的展示账号。例如，游戏玩得比较好的运营者，可以将账号定位为某款游戏的操作展示账号，在账号中持续分享自己的游戏操作视频，如图 6-3 所示。

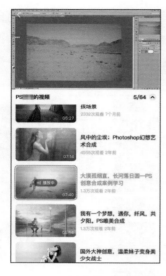

图 6-2 将账号定位为某方面技巧的分享

图 6-3 将账号定位为兴趣爱好内容的展示

通过账号定位找准自身运营方向的案例还有很多。如果运营者感到自身的定位不好确定，可以多刷刷其他运营者的中视频内容，学习他人的经验，在此基础上找到适合自身的账号定位。

6.1.2　服务内容：为内容策划提供方向

账号定位过程本身就是确定账号的运营方向。而账号定位确定之后，运营者便可以围绕账号定位进行内容策划，为账号建立标签。因此，只要账号定位确定后，那么账号内容策划方向自然也就确定了。

账号定位确定后，运营者就可以在账号简介中展示内容定位，让用户一看就知道你要分享的是哪方面的内容，如图 6-4 所示。

图 6-4　某账号的简介

接下来，运营者就可以根据账号定位策划并发布中视频，让用户一看就能明白你的定位。图 6-5 所示，为某读书类账号发布的中视频。

由此不难看出，账号定位确定之后，内容策划方向也就能随之确定下来，而运营者在此基础上进行内容策划也将变得更为明确。

而且账号定位确定之后，只要长期输出原创内容，就能做出自己的特色，为账号贴上标签。

图 6-5　某读书类账号发布的中视频

6.1.3　凸显优势：找到自己擅长的内容

进行账号定位的过程，就是自我审视的过程。而在自我审视的过程中，运营者便可以看到自身的优势。如果运营者可以参照自身的优势进行账号定位，那么在账号运营过程中自身的优势就能得到凸显，而账号的运营也会更加得心应手。

当然，在进行自我审视的过程中，运营者可能会发现自身的多个优势。但是，如果将这些优势全都体现在一个账号中，那么账号所包含的内容可能会过于庞杂，而账号的定位就很难做到精准。在这种情况下，运营者需要做的就是选择其中相对突出的一个优势，并将其作为账号的定位。

例如，某微信视频号运营者本身就包含了独立音乐人、乐器达人和原创歌手这三重身份。虽然这三重身份之间有所交集，但它们包含的内容毕竟太多。因此，该运营者从中选择了"乐器达人"这个身份且专门选择了自己擅长的萨克斯进行了账号定位，并在账号名称中加上了"萨克斯"这 3 个字。图 6-6 所示，为该微信视频号的简介。

图 6-6 某微信视频号的简介

相比于其他乐器，学习萨克斯的人群本来就不算太多，萨克斯吹奏得好的女性就更少，而该运营者又比较擅长萨克斯的吹奏。事实表明，随着大量萨克斯吹奏视频的发布，该账号获得了越来越多用户的关注。

/ 6.2 账号定位的维度

在账号运营过程中，必须要做好账号定位。账号定位，简单地理解就是确定账号的运营方向。具体来说，账号定位可以从行业、内容、用户、人设和产品 5 个维度进行。只要账号定位准确，运营者就能精准把握账号的发展方向，让运营获得更好的效果。

6.2.1　行业维度：确定账号所属的领域

账号的行业定位就是确定账号分享内容的行业和领域。通常来说，运营者在做行业定位时，只需选择自己擅长的领域即可。例如，从事摄影工作的人员，可以在账号中分享摄影类的内容。

图 6-7 所示，为某微信视频号的主页和内容呈现界面。可以看到，该微信视频号就是通过提供摄影类内容来吸引用户关注的。

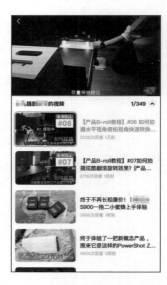

图 6-7　提供摄影内容吸引用户关注

当然，有时候某个行业包含的内容比较广泛，且中视频平台上做该行业内容的账号也比较多，此时运营者可以通过对行业进行细分，侧重从某个细分领域打造账号内容。

比如，化妆行业包含的内容比较多，单纯做教人化妆的账号可能很难做出特色。这个时候我们就可以通过领域细分从某方面进行重点突破。这方面比较具有代表性的当属某位有着"口红一哥"之称的美妆博主。该美妆博主就是通过分享口红的相关内容，来吸引对口红感兴趣的人群的关注。

又如，摄影包含的内容比较多，而现在又有越来越多的人开始直接用手机拍摄视频。因此，某微信视频号便针对这一点专门深挖手机摄影的内容。图 6-8 所示，为该微信视频号的主页和内容呈现界面。可以看到，该账号分享了大量手机摄影类的内容。

图 6-8　提供手机摄影内容吸引用户关注

6.2.2　内容维度：内容服务于账号定位

账号的内容定位就是确定账号的内容方向，并据此进行内容的生产。通常来说，运营者在做内容定位时，只需结合账号定位确定需要发布的内容，并在此基础上打造内容即可。

例如，某微信视频号的内容定位是木雕作品展示，所以该账号经常发布木雕制作类内容的视频。图 6-9 所示，为该微信视频号发布的木雕制作类视频。

图 6-9　某微信视频号发布的木雕制作类视频

确定账号的内容方向之后，运营者便可根据该方向进行内容生产。当然，在账号运营过程中，内容生产也是有技巧的。运营者在生产内容时可以运用一些技巧，打造持续性的优质内容，如图 6-10 所示。

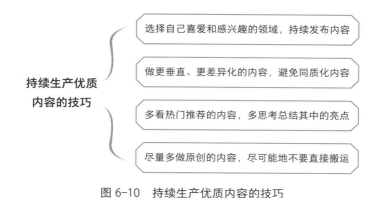

图 6-10　持续生产优质内容的技巧

6.2.3　用户维度：找准账号的目标用户

在中视频账号的运营过程中，确定目标用户群是其中至关重要的一环。而在进行账号的用户定位之前，需要先了解账号内容具体针对的是哪类人群，这类人群具有什么样的特性等问题。

了解账号的目标用户，是为了方便运营者更有针对性地去发布内容，然后吸引更多目标用户的关注，让账号获得更多的点赞。关于用户的特性，一般可细分为两类，如图 6-11 所示。

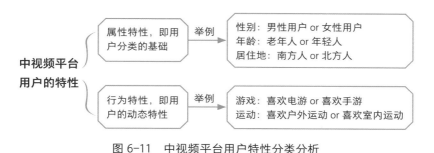

图 6-11　中视频平台用户特性分类分析

在了解用户特性的基础上，接下来要做的就是怎样进行用户定位。用户定位的全过程一般包括 3 个步骤，具体情况如下。

1．数据收集

数据收集有很多方法可以采用，比较常见的方法是通过市场调研来收集和整理中视频平台用户的数据，然后再把这些数据与用户属性关联起来，如年龄段、收入和地域等，并绘制成相关图谱，这样就能够大致了解用户的基本属性特征。

2．用户标签

获取中视频用户的基本数据和基本属性特征后，就可以对其属性和行为进行简单分类，并进一步对用户进行标注，确定用户的可能购买欲和可能活跃度等，从而更准确地进行用户画像。

3．用户画像

利用上述内容中的用户属性标注，从中抽取典型特征，完成用户的虚拟画像，构成中视频平台用户的各类用户角色，并进行用户细分，以便在此基础上更好地进行针对性的运营策略和精准营销。

此外，运营者也可以借助数据分析工具，直接查看账号的粉丝画像（很多时候粉丝就是账号的核心用户）。例如，可以在"飞瓜数据"小程序中搜索账号名称，查看对应账号的粉丝画像。图 6-12 所示，为某账号的粉丝画像。

6.2.4　人设维度：为出镜人物贴上标签

所谓人物设定，就是通过视频来打造人物形象和个性特征。通常来说，成功的人设能在用户心中留下深刻的印象，让用户能够通过某个或者某几个标签，快速想到你的账号。

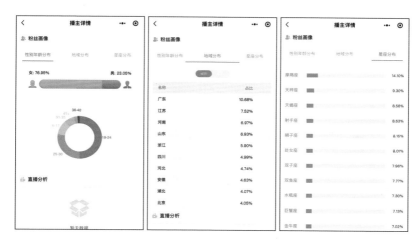

图 6-12　某账号的粉丝画像

　　例如，说到"反串""一人分饰两角"这两个标签，大多数人可能首先想到的就是抖音中的某个"大 V"。这主要是因为这个抖音"大 V"发布的视频中基本上都会出现一个红色长发披肩的女性形象，而这位女性又是由一位男性扮演的，也就是说，这个人物是反串的。

　　除此之外，该"大 V"发布的视频中，有时候还会出现一个男性形象，而这位男性就是红色长发披肩的女性形象的扮演者，也就是说，这位男性一人分饰了两角。再加上该"大 V"发布的视频内容很贴合生活，而且人物的表达又比较幽默搞笑，因此，该账号发布的内容能够快速吸引大量用户的目光。

　　人物设定的关键就在于为视频中的人物贴上标签。那么，如何才能快速为视频中的人物贴上标签呢？其中一种比较有效的方式就是发布相关视频，呈现人物符合标签特征的一面。

例如，某运营者为了凸显自身的手工达人标签，发布了许多条手工产品的制作中视频，如图 6-13 所示。看到这些视频之后，许多用户不禁惊呼："不愧是手工达人！这么复杂的东西都能制作出来！"而这样一来，视频中人物的标签便树立起来了。

图 6-13　某运营者通过视频树立的手工达人标签

6.2.5　产品维度：考虑销售产品的货源

大部分运营者之所以要做中视频，就是希望能够借此变现，获得一定的收益，而产品销售又是比较重要的一种变现方式，在选择合适的变现产品时，进行产品的定位就显得尤为重要。

那么，具体来说要如何进行产品定位呢？笔者认为，根据运营者自身的货源情况，可以将产品定位分为两种：一种是根据自身拥有的货源进行定位，另一种是根据自身的业务范围进行定位。

根据自身拥有的产品进行定位很好理解，就是看自己有哪些产品是可以销售的，然后将这些产品作为销售对象进行营销即可。

例如，某位运营者自身拥有多种水果的货源，于是其将账号定位为水果销售类账号。他不仅将账号命名为"××水果商行"，而且还通过视频，重点对需要销售的水果进行展示。图 6-14 所示，为该账号发布的部分视频。

图 6-14　根据自身拥有的货源进行产品定位

根据自身业务范围进行定位，就是指在视频中插入符合自身业务的产品，然后引导用户购买该产品。这种定位方式比较适合自身没有产品的运营者，这部分运营者只需引导用户购买对应的产品，便可获得佣金收入。图 6-15 所示，为某运营者发布的中视频，该视频运营者正是通过插入他人店铺中的产品来赚取佣金的。

图 6-15　根据自身业务范围进行产品定位

/ 6.3　账号定位的依据

　　账号定位就是为账号的运营确定一个方向，并据此发布相关内容。那么，如何进行账号定位呢？笔者认为在进行账号定位时，可以重点参照 4 个依据，下面就来分别进行解读。

6.3.1 结合专长：做自己擅长的内容

对于拥有专长的人来说，根据自身专长进行定位是一种比较直接和有效的定位方法。运营者只需对自己或团队成员进行分析，然后选择某个或某几个专长来进行账号定位即可。例如，某运营者擅长弹奏古筝，所以她将自己的账号定位为古筝弹奏作品的分享，并在账号中发布了许多自己弹奏古筝的中视频，如图6-16所示。

图6-16　古筝作品分享类中视频

自身专长包含的范围很广，除唱歌、跳舞和弹奏乐器等才艺外，还包括其他诸多方面。例如，某运营者游戏玩得比较好，他便将账号定位为自己操作该游戏的视频分享类账号。图6-17所示，为该运营者发布的游戏操作类中视频。

图 6-17　游戏操作类中视频

由此不难看出，只要运营者或其团队成员拥有专长，且该专长的相关内容又是用户比较关注的，那么将该专长作为账号的定位，就是一种很不错的定位方法。

6.3.2　结合需求：做用户需要的内容

通常来说，用户需求的内容会更容易受到用户的欢迎。因此，结合用户的需求和自身专长进行中视频的内容定位，也是一种不错的账号定位方法。

大多数女性都有化妆的习惯，但又觉得自己化妆水平比较有限，因此这些女性通常都会对美妆类内容比较关注。在这种情况下，运营者如果对美妆内容比较擅长，那么将账号定位为美妆内容分享就比较合适。

例如，某运营者本身就是入驻微博等平台的美妆博主，再加上许多微信视频号用户对美妆类内容比较感兴趣，因此，她入驻微信视频号之后，便将自己的中视频账号定位为美妆类账号，并持续为用户分享美妆类内容。图6-18所示，为该运营者发布的相关视频。由于该运营者对于打造美妆类内容比较有经验，再加上此前已积攒下了一定的名气，所以，其发布的视频很快就得到了部分用户的欢迎。

图6-18　美妆类中视频

除美妆外，用户普遍需求的内容还有很多，美食制作便属其中之一。许多用户，特别是比较喜欢做菜的用户，通常都会从中视频平台中寻找一些新菜品的制作方法。因此，如果运营者自身就是厨师，或者会做的菜品较多，又特别喜欢制作美食，那么，将账号定位为美食制作分享类账号就是一种很好的定位方法。

例如，某西瓜视频号就是一个定位为美食制作分享类的账号。在该账号中，运营者通过中视频将一道道菜品的制作过程进行全面呈现，如图 6-19 所示。因为该西瓜视频号发布的中视频中，将各菜品的制作过程进行了比较详细的展示，再加上许多菜品都是用户想要亲手制作的，所以，其发布的中视频内容很容易就获得了大量播放和点赞。

图 6-19　美食制作分享类中视频

6.3.3　结合市场：做平台紧缺的内容

运营者可以从中视频平台中相对稀缺的内容出发，来进行账号定位，让用户看到你发布的内容之后，很快就能被你圈粉。例如，某中视频账号定位为手工毛衣营销类账号，该账号经常发布一些手工毛衣编织类的视频，如图 6-20 所示。可以看到，这些视频中展示的全都是一位男士编织毛衣的场景。

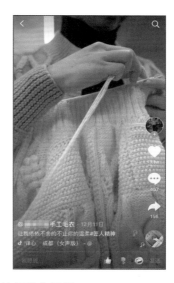

图 6-20　毛衣编织类中视频

像这种手工毛衣编织类的视频在中视频平台中本身就比较少见，再加上该账号展示的是一位男士编织毛衣的场景，并且该男士的编织手法还比较娴熟。所以，该账号的内容自然而然地就具有了一定的稀缺性，因此许多用户在看到该账号发布的中视频后很快就被吸引住了。

除了平台上本来就稀缺的内容，运营者还可以通过自身的内容展示形式，让自己的账号内容，甚至是账号具有一定的稀缺性。某西瓜视频号定位为一个分享小狗日常生活的账号，这个账号经常发布以某只小狗为主角的视频。如果只是分享小狗的日常生活，那么只要养狗的运营者都可以这样做，而该西瓜视频号的独特之处就在于它结合小狗的表现进行了一些特别的处理。

具体来说，如图 6-21 所示，当视频中的小狗张嘴叫出声时，该账号的运营者会同步配上一些字幕。这样一来，小狗要表达的就是字幕打出来的内容。而结合字幕和小狗在视频中的表现，就会让人觉得小狗十分调皮可爱。

图 6-21　给狗声配上字幕的中视频

西瓜视频平台上宠物类的视频有不少，但像这种内容显得调皮可爱的却是比较少的。因此，这个账号很容易就获取了许多用户的持续关注。

6.3.4 结合业务：做带有特色的内容

相信很多人根据本小节的标题就能明白，这是一个企业号的定位方法。许多企业和品牌在长期发展过程中已经形成了自身的特色。此时，如果根据这些特色进行定位，通常会比较容易获得用户的认同。根据品牌特色做定位又可细分为两种方法，一是用能够代表企业或品牌的物象进行账号定位，二是根据企业或品牌的业务范围进行账号定位。

某微信视频号就是用能够代表品牌的物象来进行账号定位的，在这个微信视频号中经常发布一些以"松鼠"这个卡通形象为主角的中视频，如图 6-22 所示。

图 6-22 以卡通形象"松鼠"为主角的中视频

　　熟悉该品牌的人群都知道这个品牌的卡通形象和 LOGO 就是由视频中的几只松鼠组成的。因此，该微信视频号的视频便具有了自身的品牌特色，而且这种通过卡通形象进行的表达还会更容易被人记住。

　　某电影类西瓜视频号则是根据品牌业务范围进行账号定位的代表。因为该品牌主要从事与电影相关的业务，所以，该账号便被定位为一个电影信息分享类账号。图 6-23 所示，为该账号发布的相关视频。

图 6-23　某电影信息分享类中视频

第 7 章

Chapter Seven

封面制作
/
吸引用户点击查看中视频

◀)) **学前提示**

　　运营者要想增加中视频的曝光度和点击量，就得设计出能够让用户眼前一亮的视觉封面图片，让用户看到之后忍不住就想点击观看视频内容。本章，笔者将为大家介绍视觉封面图片的选择与制作技巧，以帮助运营者更好地制作出能够吸引用户眼球的中视频封面图片。

(?) **要点展示**

　　／　封面选择的考虑要点
　　／　封面制作的基本方法
　　／　封面制作的注意事项

/7.1　封面选择的考虑要点

　　封面对于一个中视频来说至关重要，因为用户往往会根据封面呈现的内容来决定要不要点击观看中视频的内容。那么，如何为中视频选择合适的封面图片呢？笔者认为大家可以重点从 5 个方面进行考虑，下面就对这 5 个方面的内容分别进行解读。

7.1.1　注重关联：紧密联系视频内容

　　如果将一个中视频比作一篇文章，那么中视频的封面就相当于文章的标题。所以在选择封面时，一定要考虑封面图片与中视频内容的关联性。如果你选择的封面图片与中视频内容的关联性不强，那么就会产生标题党的嫌疑，会让人觉得文不对题。在这种情况下，用户看到视频内容之后，自然就会生出不满情绪，甚至会产生厌恶感。

其实，根据内容的关联性选择中视频封面，操作起来很简单，运营者只需要根据中视频的主要内容，选择能够代表主题的文字和画面即可。

图 7-1 所示，为某菜品类中视频的封面。这些封面在根据视频内容的关联性选择封面图片方面就做得很好。由于它直接呈现的是制作完成的菜品，而且还在封面中显示了菜品的名字，这样一来，用户看到封面之后就能判断出这个中视频是要展示哪个菜品的制作过程。

图 7-1　根据内容的关联性来选择封面图片

7.1.2　自成风格：长期运营形成特色

一些中视频账号在经过一段时间的运营之后，在封面的选择上可能已经形成了自身的风格，而用户也接受了这种风格，甚至部分用户还表现出对这种封面风格的喜爱与依赖。这部分账号的运营者在选择中视频封面时就可以延续自身的风格，也就是根据账号以往的封面风格来选择封面图片。

例如，某运营者在视频中出镜时有一句口头禅："Oh my god！"这句话也成了他的一种标志。因此，该运营者发布的中视频中都会显示"Oh my god！"的简写，即"OMG！"。另外，他的中视频封面中还会呈现自己的个人形象照。由此，"OMG！"和个人形象照就成为该运营者发布的中视频封面的必备要素。

7.1.3　清晰度高：画面清晰体现质感

许多人在看一条视频时，会将视线首先放在封面图片上。部分运营者会从拍摄的中视频中选择某个画面作为封面图片，此时，选择清晰度高的封面图片就显得尤为重要。倘若用户看到一个模糊不清的封面图片之后就会产生极差的印象，在这种情况下他很可能就不会点击观看中视频。

图 7-2 所示，为某个中视频的画面，这个画面都是比较模糊的，如果不看画面中的文字信息，用户甚至都不知道该画面呈现的是什么内容。试问，如果将这种画面作为封面图片，用户又怎会有

查看中视频的兴趣呢?

图 7-2　模糊的中视频画面

同样是将中视频的画面作为封面图片,如果运营者选择的图片清晰度非常高,能够很好地展现出画面的质感,那么用户在看到封面图片之后,就会觉得运营者是在用心做中视频。而在感受到运营者的用心之后,用户自然也会更愿意点击观看中视频内容。这也是许多美景和美食类中视频受到大量用户欢迎的重要原因之一。

图 7-3 所示,为两个美景类中视频的画面。这两个画面的清晰度非常高,让人一看就能感受到画面的质感。因此,如果运营者将这两个画面作为封面图片,那么用户在看到这么美的画面之后,往往就会选择点击观看对应的中视频内容。

图 7-3　清晰的美景类中视频画面

7.1.4　光线充足：提高图片视觉效果

随着人们物质生活水平的提高，人们对生活品质的要求与标准也在不断提升。因此，如何选择高品质的图片素材，便成为运营者在封面设计时需要考虑的重点问题。一般而言，光线较足的图片素材会给用户带来更好的视觉享受。

如果选择的封面图片没有把握好视觉光线，一方面，容易导致呈现的图片无法达到预期的视觉效果；另一方面，这样的视觉图片也不足以引起用户的观看兴趣。而且同样的事物，在不同光线下呈现的效果有时也会有较大差距。如果物体是在光线充足的情况下被拍摄的，那么呈现出来的视觉效果也会更好。

图 7-4 所示，为两张中视频封面图片。可以看到，这两张图片的主题都是小龙虾，但左侧这张封面图片拍摄时光线显然有些不足，所以小龙虾看上去偏暗红色，就像不太新鲜似的；而右侧这张封面图片拍摄时光线显然要充足一些，所以小龙虾看上去呈现出亮红色，看着也比较让人有食欲。因此，当这两个封面放到用户面前时，大多数用户都会更喜欢右侧这张封面。

图 7-4　不同光线下的封面图片示例

7.1.5　颜色搭配：色彩明亮具有美感

运营者若想要让自己的中视频封面更吸引用户的目光，那么就要对封面图片的颜色搭配多一些思考。合理的图片颜色搭配能够给用户一种顺眼和耐看的感觉，会让用户对图片对应的中视频内容更感兴趣。具体来说，封面图片的颜色搭配需要满足以下两点要求。

（1）封面图片色彩应该是明亮的，整体看上去要具有美感。

（2）封面图片中各种颜色的搭配不能显得混乱和突兀。

通常来说，如果没有特殊情况，封面图片要尽量选择色彩明亮的，因为这样的图片不仅看上去更加美观和舒适，还能给账号带来更多的点击量。下面以图解的形式，介绍色彩明亮的封面图片能够提高中视频点击量的具体原因，如图 7-5 所示。

图 7-5　色彩明亮的图片能够提高中视频点击量的原因

图 7-6 所示，为两个关于葫芦娃的视频封面图片。可以看到，左侧这个画面主要以白色、玫红色和绿色等比较明亮的颜色构成；而右侧这个画面则以青色、灰色和黑色等相对较为暗淡的颜色为主。大多数用户在看到这两个封面图片之后，通常都会更喜欢左侧这个画面，因为这个画面比较明亮，呈现出的视觉效果要更好一些，用户很快就能被其中的内容所吸引。

用户在观看视频时都希望能有一个轻松愉快的氛围，而不愿意感受到视频中压抑的环境，而色彩明亮的封面图片则能给用户带来一种舒适轻松的观看氛围。

图 7-6　两张关于葫芦娃的中视频封面

　　而要做到封面图片的搭配不显得混乱和突兀，则要求运营者在设计封面图片时，要遵循一定的色彩搭配原则。例如，将相隔较远的颜色（如黄色和紫色、红色和青绿色）进行搭配，或是将两个相对的颜色（如红色和绿色、黑色和白色）进行搭配，通常都能让封面图片获得更好的视觉效果。

/ 7.2　封面制作的基本方法

　　大多数用户会根据封面图片决定是否观看中视频内容，所以，在制作中视频时，一定要尽可能地让自己的封面看起来更加吸引人。为此，运营者需要了解并掌握制作中视频封面的基本方法。

7.2.1　后期处理：调整优化增加美感

运营者可以通过图片后期处理，增加照片的美感，再将图片设置为中视频封面。许多 App 都可以对照片进行后期处理，如，可以利用美图秀秀 App 中的抠图、虚化和光效功能，对照片进行调整优化，以增加照片的美感。

1．抠图

当需要将某个画面中的一部分如画面中的人物，单独拿出来作为中视频封面时，可以借助美图秀秀 App 的"抠图"功能，把需要的部分"抠"出来。其具体操作步骤如下。

步骤 1▶ 打开美图秀秀 App，点击默认界面中的"图片美化"按钮，如图 7-7 所示。

步骤 2▶ 进入"最近项目"界面，选择需要进行抠图的照片，如图 7-8 所示。

步骤 3▶ 进入"照片处理"界面，点击下方的"抠图"按钮，如图 7-9 所示。

步骤 4▶ 进入"抠图"界面，选择"一键抠图"选项，然后根据提示选择并拖动照片中需要的部分，便可直接进行抠图，如图 7-10 所示。

步骤 5▶ 抠图完成之后，点击界面右下角的 ✓ 图标，完成抠图的照片直接导出。

2．背景虚化

有时候在制作中视频封面时，需要重点突出画面中的部分内容。比如需要重点展现人物的颜值。

图 7-7　点击"图片美化"按钮　图 7-8　选择需要进行抠图的照片

图 7-9　点击"抠图"按钮　图 7-10　选择"一键抠图"选项

此时，可借助"背景虚化"功能，通过虚化不重要的部分，来突出显示画面中的重要部分。在美图秀秀 App 中使用"背景虚化"功能的具体操作步骤如下。

步骤1 ▶ 打开美图秀秀 App，点击默认界面中的"图片美化"按钮，进入"最近项目"界面，选择需要进行背景虚化的照片。

步骤2 ▶ 进入照片处理界面，点击下方的"背景虚化"按钮，如图 7-11 所示。

步骤3 ▶ 进入"背景虚化处理"界面，可以在该界面中选择不同的背景虚化模式。美图秀秀 App 提供了 3 种背景虚化模式，即"智能""图形""直线"，如图 7-12 所示。只需根据自身需求进行选择和设置即可，通常来说，只要选择"智能"模式，系统便会自动选中图片中的主体。

图 7-11　点击"背景虚化"按钮　　　图 7-12　背景虚化处理界面

步骤 4 ▶ 背景虚化处理完成之后，点击界面右下角的 ✔ 图标，即可完成背景虚化的照片直接导出。

图 7-13 所示，为原片和进行背景虚化之后的照片。对比之下不难发现，经过背景虚化之后，画面中的重点部分，即画面中的人物更容易成为视觉焦点。

（a）原片　　　　　　　　　　　　（b）背景虚化后的照片

图 7-13　照片背景虚化处理的前后对比

3. 光效

如果拍摄照片时光线比较暗淡，那么拍出来的照片必然会亮度不足。在遇到这种情况时，可以借助美图秀秀 App 的"光效"功能，让照片"亮"起来，其具体操作步骤如下。

步骤 1 ▶ 打开美图秀秀 App，点击默认界面中的"图片美化"按钮，进入"最近项目"界面，选择需要进行光效处理的照片。

步骤 2 ▶ 进入 "照片处理" 界面，点击下方的 "调色" 按钮，如图 7-14 所示。

步骤 3 ▶ 进入 "光效处理" 界面，在该界面中通过 "智能补光" "亮度" "对比度" "高光" 调节等设置，对照片的光效进行调整，如图 7-15 所示。

图 7-14　点击 "调色" 按钮

图 7-15　光效处理界面

步骤 4 ▶ 光效处理完成之后，点击界面右下角的 ✔ 图标，将完成光效处理的照片直接导出。

图 7-16 所示，为原片和进行了光效处理之后的照片。可以看到，经过光效处理之后，图片明显变得明亮了，而且也更具美感。

（a）原片　　　　　　　　　（b）光效处理后的照片

图 7-16　照片光效处理的前后对比

7.2.2　固定模板：快速制作视频封面

如果想要快速制作出高大上的中视频封面，那么，制作一个固定的封面图模板不失为一种有效的手段。因为固定的封面图模板制作完成之后，只需对具体内容进行替换，便能快速制作出新的中视频封面。

当然，要想利用固定模板快速制作高大上的中视频封面还要有一个前提，那就是制作的固定封面图模板必须是高大上的。因此，在制作中视频的固定封面图模板时，运营者一定要多花一些心思，因为一个固定的封面图模板会直接影响利用该模板制作的中视频封面的显示效果。

通常来说，固定封面图模板比较适合于中视频发布频率比较高，或者运营时间比较有限的运营者使用。因为固定模板制作完成后，就能快速制作出具体的中视频封面，可为运营者节省大量的时间。

例如，某歌手用于中视频运营的时间比较有限，所以他制作了固定的中视频封面图模板，即用纯色的背景，在背景的中间位置插入自己唱歌的视频画面，并在视频画面的上下方显示关键性的文字（视频画面上方通常是歌曲名称，视频画面下方则是具体的歌词）。

7.2.3 设置封面：找准具体操作方法

毫无疑问，中视频封面图片的制作非常重要。但封面制作出来之后，要想真正地运用到中视频中，还需要进行具体的设置。所以运营者还必须掌握中视频封面的设置方法。

在不同的平台中，中视频封面的设置方法也不尽相同。下面笔者就以西瓜视频为例，对中视频封面设置的具体步骤进行说明。

步骤 1▶ 打开西瓜视频 App，点击"推荐"界面中的"发布"按钮，如图 7-17 所示。

步骤 2▶ 进入"最近项目"界面，❶选择需要发布的中视频，❷点击"下一步" 按钮， 如图 7-18 所示。

步骤 3▶ 进入"剪辑"界面，对中视频进行剪辑。 剪辑完成后，点击界面中的 "下一步" 按钮， 如图 7-19 所示。

步骤 4▶ 进入中视频发布界面，点击界面中的"+添加封面"按钮，如图 7-20 所示。

图 7-17　点击"发布"按钮

图 7-18　点击"下一步"按钮

图 7-19　点击"下一步"按钮　图 7-20　点击"+添加封面"按钮

步骤5 ▶ 进入"选择封面"界面，
❶ 选择需要设置成封面的视频
画面，❷ 点击"去制作"按钮，
如图 7-21 所示。

步骤6 ▶ 进入"制作封面"界面，
点击"完成"按钮，如图 7-22
所示。

步骤7 ▶ 返回中视频发布界面，
如果界面中出现了刚刚设置的
封面图，说明中视频封面设置
成功，如图 7-23 所示。

图 7-21　点击"去制作"按钮

图 7-22　点击"完成"按钮

图 7-23　封面设置成功

/ 7.3　封面制作的注意事项

在制作中视频封面的过程中，有一些需要特别注意的事项。笔者从中选取了 4 个方面的内容，下面就为大家进行重点说明。

7.3.1　强调原创：制作使用原创封面

这是一个越来越注重原创的时代，无论是中视频还是中视频封面，都应该尽可能体现出原创性。这主要是因为人们每天接收的信息非常多，而对于重复出现的内容，大多数人都不会太感兴趣。所以，如果你的中视频封面不是原创的，那么，用户可能会根据你的封面判断其对应的中视频已经看过了，这样一来，中视频的点击率就难以得到保障。

其实，使用原创中视频封面这一点很容易做到。因为绝大多数运营者拍摄或上传的中视频内容都是自己制作的，运营者只需从中视频中随意选择一个画面作为中视频封面，基本上就能保证中视频封面的原创性。

当然，为了更好地体现中视频封面的原创性，还可以对中视频封面进行一些处理。比如，可以在封面加上一些可以体现原创的文字，如"原创""自制"等，如图 7-24 所示。这些文字虽然是对整个中视频的说明，但用户看到之后，便能马上明白包括封面在内的所有中视频内容都是运营者自己做的。

图 7-24　使用原创中视频封面

7.3.2　文字说明：有效传达关键信息

在中视频封面的制作过程中，如果文字说明运用得好，就能起到画龙点睛的作用。然而，现实却是许多运营者在制作中视频封面时，对于文字说明的运用还存在一些问题。

这主要体现在两个方面：一是文字说明使用过多，封面上的文字信息占据了过多的版面。这种文字说明方式，不仅会增加用户阅读文字信息的时间，而且文字说明已经包含了中视频要展示的全部内容，用户看完中视频封面之后，甚至觉得都没有必要再去观看具体的中视频内容了；二是在中视频封面中干脆不进行文字说明，这种文字说明方式虽然更能保持封面的美观，但会造成用户在看到中视频封面之后，不能准确地判断这个中视频展示的具体内容是什么。

其实，要运用好封面文字说明也很简单，运营者只需尽可能地用简练的文字进行表达，确保有效地传达信息即可。图 7-25 所示，为某快手账号的部分中视频封面，其在文字说明的运用上就做得很好。这个账号以分享菜品制作过程为主，它的中视频封面基本上只有菜品的名字。这样一来，用户只需要看封面上的文字，便能迅速判断出这条中视频是要展示哪个菜品的制作方法。

图 7-25　文字说明运用得当的中视频封面

7.3.3　景别选择：展现视频主要看点

许多运营者在制作中视频封面时，会直接从中视频中选取画面作为中视频的封面。这部分运营者需要特别注意一点，那就是不同景别的画面所显示的效果有很大的不同。在选择中视频封面时，应该选择可以展现中视频最大看点的景别，以便让用户能够快速把握重点。

图 7-26 所示，为某个中视频的两个画面。可以看到，这两个画面在景别上存在很大的区别。从该视频的标题不难看出，这条视频重点展示的是自制飞虫捕捉器，左侧画面呈现的是飞虫捕捉器的中景，该画面中甚至都看不到飞虫捕捉器的全貌；而右侧画面呈现的则是飞虫捕捉器的全景，该画面中直接展示了飞虫捕捉器的外观。很显然，将右侧画面作为该中视频的封面更为合适。

图 7-26　某中视频的两个画面

7.3.4 画面构图：选择画面呈现方式

视觉构图的应用范围很广，但其目的只有一个，就是打造一个高品质的画面，以引起用户关注。许多中视频运营者之所以制作出的封面不够吸睛，就是因为他们没有掌握视觉构图方面的知识。那么，画面构图的含义是什么呢？笔者具体分析如下。

（1）依据：主题和题材类型。

（2）方法：整合要表达的信息。

（3）目标：构成具有美感的画面。

视觉构图的方法不计其数。接下来，笔者将介绍 10 种典型的中视频视觉构图方法，运营者可据此对中视频封面进行包装设计。

1. 对称构图法

对称构图就是以某条线为对称线，对相同或相似的事物依次进行呈现。这种构图法的妙处就是可以在主要位置突出重点信息，在信息两侧分布对称的信息或图案，让画面更有平衡感。图 7-27 所示，为利用对称构图法拍摄的中视频画面。可以看到，这两个画面就是通过对称构图的方式对画面进行呈现的。

2. 黄金分割构图法

黄金分割构图法就是指将拍摄主题放置在黄金分割点上进行呈现的一种构图方法。黄金分割构图法是一种经典的构图法，各种各样的物体都可以通过这种构图法进行美化。黄金分割具有极大的艺术和审美价值，其特点如图 7-28 所示。

图 7-27　利用对称构图法拍摄的中视频画面

图 7-28　黄金分割构图法的特点

在实际操作时，黄金分割构图法可能不是很好操作。在这种情况下，也可以使用简化版的黄金分割构图法——九宫格构图法。

九宫格构图又称井字形构图，就是指通过横向的两条线和纵向的两条线，将画面分成大小相同的 9 个格子，并将主体放置在这 4

条线的交叉点（也被称为"趣味中心"）上进行拍摄的一种构图法。
图 7-29 所示，为利用九宫格构图法拍摄的中视频画面。

图 7-29　利用九宫格构图法拍摄的中视频画面

以苹果手机为例，运营者可以通过如下操作打开九宫格构图线，以便更好地进行九宫格构图。

步骤 1▶ 在苹果手机的桌面上，点击"设置"图标，如图 7-30 所示。

步骤 2▶ 进入"设置"界面，选择"相机"选项，如图 7-31 所示。

步骤 3▶ 进入"相机"界面，打开"网格"功能，如图 7-32 所示。

步骤 4▶ 操作完成后，打开手机相机，"相机拍摄"界面中便会出现网格（也就是九宫格），如图 7-33 所示。运营者只需将拍摄主体放置在九宫格的趣味中心附近，便可借助九宫格构图法拍摄中视频封面。

图 7-30　点击"设置"图标

图 7-31　选择"相机"选项

图 7-32　打开"网格"功能

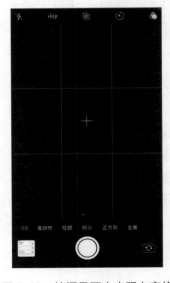

图 7-33　拍摄界面中出现九宫格

3．渐进构图法

渐进构图法就是对物体有序地进行排列，呈现出一种变化的趋势，比如，由大到小、由远及近。图 7-34 所示，为利用渐进构图法拍摄的图片。

图 7-34　利用渐进构图法拍摄的图片

渐进构图法的优势主要体现在以下 3 个方面。

（1）可以增强图片的空间感和立体感。

（2）能够让物体整齐有序地进行陈列。

（3）能同时对不同规格的物体进行展示。

4．分隔构图法

产品营销类中视频的封面在构图上更需要进行用心设计，因为不同的构图方法可以打造不同的视觉关注点，从而形成风格各异的画面，能够给用户带来更加独特的视觉享受。

例如，在服装类产品的视觉营销中运用得比较多的是分隔构图法。有时运营者为了在封面中同时展示多种产品，或者展示产品的多个角度，就会将封面分割为几个部分，分别呈现不同的画面。

图 7-35 所示，为利用分隔构图法制作的两张图片。这两张图片分别被分成了 3 个部分和 2 个部分。

图 7-35　利用分隔构图法制作的图片

在营销类中视频封面中采用分隔构图法主要有两个好处：一是可以全方位展示产品的特点和优势；二是可以呈现出产品的不同颜色和款式，从而吸引更多用户的注意力。

5．直线构图法

直线构图法即将物体放在一条直线上进行展示，这种构图法常用于产品营销类中视频封面中。利用这种构图法拍摄的封面图片，不仅能充分展示产品的种类和颜色，还能让用户快速对产品进行对比，从而更好地选择自己需要的产品款式。图 7-36 所示，为利用直线构图法拍摄的产品营销类图片。

图 7-36　利用直线构图法拍摄的图片

6．透视构图法

透视构图是指通过画面中某一条线或某几条线，由近及远形成延伸感，使用户的视觉沿着画面中的线条汇聚成一点的构图方法。图 7-37 所示，为利用透视构图法拍摄的中视频画面。

透视构图可分为单边透视和双边透视，单边透视就是指画面中只有一边带有由近及远形成延伸感的线条，双边透视则是指画面两边都带有由近及远形成延伸感的线条。

图 7-37 利用透视构图法拍摄的中视频画面

采用透视构图法可以增加视频画面的立体感，而且透视本身就有近大远小的规律。视频画面中近大远小的事物组成的线条或者本身具有的线条，能让用户的视觉沿着线条指向的方向去看，具有引导用户视觉的作用。

7．三分线构图法

三分线构图法，顾名思义，就是将画面横向或纵向分为 3 个部分，并在拍摄时将主体放在三分线构图的某一位置上进行构图取景，让主体更加突出，让画面的呈现更加美观。

图 7-38 所示，为两张利用三分线构图法拍摄的中视频画面，

可以看到，这两个画面就是将画面分为 3 个部分来进行呈现的。

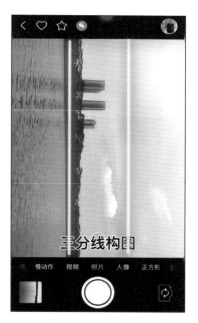

图 7-38　利用三分线构图法拍摄的中视频画面

8．仰拍构图法

在日常拍摄中，只要是需要抬头（即镜头向上）拍的，都可以理解成仰拍。仰拍构图法的主要作用就是让被拍摄的事物呈现出崇高伟岸之感，使画面中的主体变得高大起来。根据仰拍角度的不同，又可将仰拍构图法细分为 30°、45°、60° 和 90° 仰拍等。在利用仰拍构图法拍摄照片时，只需根据自身需求选取仰拍的角度，即可获得合适的仰拍图片。

图 7-39 所示，为利用仰拍构图法拍摄的中视频画面。可以看到，这两张图片的拍摄主体都是人，因为是通过仰拍构图法拍摄的，所以画面中的人物都显得非常高大，并且腿也显得特别长。也正是因为如此，当出镜人身高不太高时，许多拍摄者都比较喜欢通过仰拍来进行拍摄。

图 7-39　利用仰拍构图法拍摄的中视频画面

9．俯拍构图法

仰拍是从低处往高处拍，而俯拍则是从高处往低处拍。通过俯拍构图法拍摄的照片，能够将大范围的景物依次呈现出来，给人一种深远、辽阔的感觉。常见的俯拍方式包括拍摄者登高拍摄下方的景物，或利用无人机等设备拍摄浩大的场景。图 7-40 所示，为利用俯拍构图法拍摄的中视频画面。

图 7-40　利用俯拍构图法拍摄的中视频画面

10．三角构图法

三角构图法就是通过物体的组合或展示物体的某个部分，让画面中出现一个类似于三角形形状的构图方法。这种构图的好处是既沉稳又不失灵巧。图 7-41 所示，为利用三角构图法拍摄的视频画面。可以看到，这两个画面就是利用被拍摄物自身的形状来进行三角构图拍摄的。

p

图 7-41　利用三角构图法拍摄的中视频画面

第 8 章
Chapter Eight

标题打造

/

突出展示中视频的亮点

🔊 **学前提示**

　　对于运营者来说，在制作中视频内容时，标题的打造是非常关键的，因为许多用户会根据标题决定是否要观看中视频内容。那么，运营者要如何打造标题，以更好地突出中视频内容的亮点呢？本章，笔者就来重点回答这个问题。

❓ **要点展示**

　　／　标题制作的要点
　　／　吸睛标题的套路
　　／　标题制作的误区

/ 8.1　标题制作的要点

　　标题是中视频的重要组成部分，同时也是用户重点关注的内容。标题制作必须要掌握一定的写作标准和技巧，只有熟练掌握标题制作的必备要素，才能更好、更快地制作出引人注目的标题。

　　那么，运营者在制作中视频标题时，应该重点关注哪些内容，应该如何切入和组织语言？接下来，我们就一起来看看标题制作的要点。

8.1.1　紧贴内容：切忌挂羊头卖狗肉

　　标题是中视频的"窗户"，用户如果能从这一扇窗户之中看到中视频内容说的是什么，那么就说明这一标题是合格的，换句话说，就是标题要体现出中视频内容的主题。

虽然标题就是要起到吸引用户的作用，但如果用户被某一标题所吸引，点击观看中视频后却发现标题和内容的主题联系得不紧密，或是完全没有联系，这无疑会降低用户的信任度，从而拉低中视频的点赞和转发量。

这就要求运营者在制作中视频标题时，一定要确保所写标题与内容主题的联系要紧密，切勿"挂羊头卖狗肉"，沦为标题党。

例如，可以根据中视频内容提炼标题，让用户一看标题就能明白你视频中要讲的是什么，如图 8-1 所示。

图 8-1　根据中视频内容提炼标题

8.1.2　重点突出：一看就能把握要点

一个标题的好坏直接决定了中视频点击量、完播率的高低，所以运营者在制作标题时，一定要做到重点突出、简洁明了。标题字数不要太长，要尽可能地做到朗朗上口，让用户在短时间内就能清楚地知道你想要表达的是什么，这样用户自然也就愿意去点击观看中视频内容。

在制作标题时，要注意标题用语的简短，切忌标题成分过于复杂。标题越简单、越明了，用户在看到标题时，就越会有一个比较舒适的视觉感受，阅读起来也会更为方便。

8.1.3　吸睛词汇：增加标题的吸引力

标题是中视频的"眼睛"，在中视频运营过程中起着十分重要的作用。标题展示着一个中视频的大意、主旨，甚至是对故事背景的诠释，它能够让用户产生想要去观看视频内容的冲动。所以一条中视频点击数据的高低，与标题有着不可分割的联系。

能够起到点睛作用的标题，通常更容易吸引用户的关注。给中视频标题"点睛"是有技巧的，在制作中视频标题时，可以加入一些能够吸引用户目光的词汇，如"福利""秘诀""秘密""技巧"等。这些"点睛"词汇，能够让用户产生好奇心，让用户看到标题之后更愿意点击观看中视频内容。图 8-2 所示，为使用"点睛"词汇的中视频标题案例。

图 8-2　使用 "点睛" 词汇的中视频标题

/ 8.2　吸睛标题的套路

在一条中视频中，标题无疑是用户重点关注的内容，有吸引力的标题才能让用户点进去观看中视频内容，因此，制作中视频的标题显得十分重要，而掌握一些标题制作技巧，也就成了每个运营者必须要掌握的核心技能。

8.2.1　福利发送：抛出各种诱饵

福利发送型标题是指在标题上带有与 "福利" 相关的字眼，向用户传递一种"这条中视频就是来送福利的"的感觉，用户被标题吸引，自然而然地就会想要点击观看中视频。福利发送型标题准确地把握了用户希望获得好处的心理，让用户一看到"福利"的相关字眼，就会忍不住想要了解中视频的内容。

福利发送型标题有两种类型：一种是直接型；另一种则是间接型。虽然具体类型不同，但是两者效果都相差无几。图 8-3 所示，为福利发送型标题的类型。

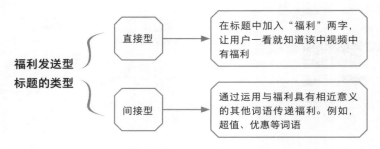

图 8-3　福利发送型标题的类型

直接福利型和间接福利型作为两种不同的福利发送型标题，其标题案例也具有不同的特色。接下来，我们就一起来看看这两种福利发送型标题的具体案例，如图 8-4 和图 8-5 所示。

这两种类型的福利发送型标题虽然稍有区别，但本质上都是通过"福利"来吸引用户的目光，从而让用户忍不住想要点击观看中视频内容。福利发送型的标题通常会给用户带来一种惊喜感，试想，如果中视频标题中或明或暗地指出视频中含有福利，你难道不会心动吗？

图 8-4　直接福利发送型标题　　图 8-5　间接福利发送型标题

值得注意的是，在制作福利发送型标题时要掌握 3 个技巧，如图 8-6 所示。

图 8-6　福利发送型标题的制作技巧

福利发送型标题既可以吸引中视频用户的注意力，又可以为中视频用户带来实际的利益，可谓是一举两得。当然，在制作福利发送型标题时也要特别注意，不要因为侧重福利而偏离了主题，而且标题不宜太长，否则可能会影响中视频的传播效果和视觉效果。

8.2.2　价值传达：传授实用技巧

价值传达型标题是指向用户传递一种只要观看中视频内容之后，就可以掌握某些技巧或者知识的标题。

这种类型的标题之所以能够引起用户的关注，是因为抓住了人们想要从中视频中获取实际利益的心理。许多用户都是带着一定目的去刷中视频的，他们要么是希望中视频中含有福利，如优惠、折扣，要么是希望能够从中视频中学到一些有用的知识。因此，价值传达型标题往往能够快速吸引大量用户的目光。

在打造价值传达型标题的过程中，往往会碰到这样一些问题：如，"什么样的技巧才算有价值？""价值型的标题应该具备哪些要素？"等。那么，价值传达型标题到底应该如何制作呢？笔者将其经验技巧总结为 3 点，如图 8-7 所示。

图 8-7　制作价值传达型标题的制作技巧

值得注意的是，在制作速成型标题时，不要提供虚假的信息，如"一分钟一定能够学会 × ×""三大秘诀包你 × ×"等。价值传达型标题虽然需要加入夸张的成分，但要把握好度，要有底线和原则。

价值传达型标题通常会出现在传授技术和技巧类的中视频之中，意在通过传授知识和技巧来吸引用户的目光。图 8-8 所示，为价值传达型标题的典型案例。在看到这些标题中的"小白也能学会"和"快速入门"等短语时，用户会觉得自己也能轻松掌握相关的技巧和知识。

图 8-8　价值传达型标题

用户在看到这种价值传达型标题时，会更加想要去观看中视频的内容，因为这种类型的标题会让人觉得这项技能很容易掌握，不用花费过多的时间和精力就能学会。

8.2.3　励志鼓舞：带动用户情绪

励志鼓舞型标题比较显著的特点就是"现身说法"，它一般是通过第一人称的方式讲故事，故事的内容包罗万象，但通常离不开成功的方法、教训以及经验等。

如今很多人都想努力奋斗，但却苦于找不到动力，如果这个时候他们看到励志鼓舞型中视频，让他们知道别人是怎么获得成功的，他们就会获得一份动力。因此，励志鼓舞型标题对部分用户来说具有独特的吸引力。该类型标题的模板主要有两种，如图 8-9 所示。

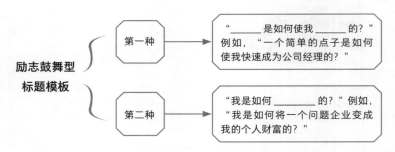

图 8-9　励志鼓舞型标题的模板

励志鼓舞型标题的好处在于煽动性强，容易制造一种鼓舞人心的感觉，能够燃起用户的上进心，提升中视频的完播率。

那么，打造励志鼓舞型标题是不是单单依靠模板就行了呢？答案是否定的，模板固然可以借鉴，但在实际的操作中，还要根据内容的不同而制作特定的励志型标题。总的来说，有 3 种经验技巧可供借鉴，如图 8-10 所示。

图 8-10　打造励志鼓舞型标题的经验技巧

　　一个成功的励志鼓舞型标题不仅能够带动用户的情绪，而且还能促使用户对中视频产生极大的兴趣。图 8-11 所示，为励志鼓舞型标题的典型案例展示，这些标题都带有较强的励志情感。

图 8-11　励志鼓舞型标题

励志鼓舞型标题一方面利用了用户想要获得成功的心理，另一方面则巧妙掌握了情感共鸣的精髓，通过带有励志色彩的字眼来引起用户的情感共鸣，以成功吸引用户的目光。

8.2.4　视觉冲击：造成感官刺激

不少人认为"力量决定一切"。这句话虽然有些过于主观，但还是有着一定道理的。其中，冲击力作为力量范畴中的一员，在中视频标题制作中有着独有的价值和魅力。所谓"冲击力"，即带给人在视觉和心灵上触动的力量，这也是它能引起用户关注的重要原因。

运营者在制作视觉冲击型标题时，要善于利用"第一次"和"比……还重要"等比较具有极端性特点的词汇，因为用户往往比较关注那些具有突出特点的事物，而"第一次"和"比……还重要"等词汇往往能带给用户强大的戏剧冲击感和视觉刺激感。

图 8-12 所示，为两条带有冲击感的中视频标题案例。这两条中视频的标题就是利用"第一次"和"比……更重要"这种较极端性的语言，来给用户造成一种视觉乃至心理上的冲击的。

8.2.5　揭露解密：激发用户兴趣

揭露解密型标题，是指为用户揭露某件事物不为人知的秘密的一种标题。大部分人都会有好奇和八卦心理，而这种标题恰好抓住了中视频用户的这种心理，给用户传递出一种莫名的兴奋感，能够极大地引起用户的观看兴趣。

图 8-12　带有冲击感的文案标题

运营者可以利用揭露解密型标题做一个长期的专题，从而达到在一段时间内或者长期凝聚用户的目的，而且这种类型的标题比较容易打造，只需把握 3 大要点即可，如图 8-13 所示。

图 8-13　打造揭露解密型标题的要点

在制作揭露解密型标题时，需要在标题中显示出冲突性和巨大的反差，这样可以有效吸引用户的注意力，使用户认识到中视频内容的重要性，从而让用户愿意主动点击观看中视频内容。

图8-14所示，为揭露解密型中视频标题案例。这两个中视频的标题都侧重于揭露事实真相，从标题上就点明了中视频的主要内容，因此能够有效地吸引大量用户的目光。

图8-14　揭露解密型标题案例

无论是揭露，还是解密，通常都是将用户平常难以发现或者无法解释的现象，通过中视频呈现出来。而当中视频标题中出现"揭露""解密"等类似的字眼时，用户观看中视频内容的兴趣马上就会被提起来。

8.2.6　悬念制造：用疑问作噱头

好奇是人的天性，悬念制造型标题就是利用人的好奇心来进行标题打造的。中视频标题中的悬念是一个诱饵，能够引导用户观看中视频的内容。因为大部分人看到标题里有没被解答的疑问和悬念时，就会忍不住想弄清楚到底是怎么回事，这就是悬念型标题的制作技巧。

悬念制造型标题在日常生活中运用得非常广泛，也非常受欢迎。人们在电视上看综艺节目时会经常看到一些节目预告之类的广告，这些广告就是采取这种悬念型的标题引起观众兴趣的。利用悬念制作标题的方法通常有 4 种，即利用反常的现象、变化的现象、用户的欲望和不可思议的现象造成悬念。

悬念制造型标题的主要目的是增加中视频的可看性，因此需要注意的是，在使用这种类型的标题时，一定要确保中视频内容能够让用户感到惊奇、充满悬念，不然就会引起用户的失望与不满，继而就会让用户对你的内容乃至账号产生抵触情绪。

悬念制造型标题是运营者青睐有加的标题形式之一，它的效果也是有目共睹的。如果不知道怎么制作标题，那么悬念制造型标题或许会是一个很不错的选择。

仅仅只是单纯为了悬疑而制作悬念制造型标题，一般只能够博取用户 1 ~ 3 次的眼球，很难保留长时间的效果。如果内容无趣、无法达到文案引流的目的，那就是一条失败的视频，会导致中视频无人观看。因此，在设置悬疑时需要非常慎重，切忌为了标题走"钢索"，却忽略了中视频营销的目的和中视频本身的质量。

悬念制造型标题是运用得比较频繁的一种标题形式，很多中视频都会采用这一标题形式来引起用户的注意力，从而达到较为理想的营销效果和传播效果。图 8-15 所示，为悬念制造型标题的典型案例。

图 8-15　悬念制造型标题

8.2.7　借势热点：借助热门内容

借势热点型标题是指在标题上借助社会上一些实时热点、新闻的相关词汇给中视频造势，来增加中视频的播放量。借势热点是一种常用的标题制作手法，借势不仅完全是免费的，而且效果还很显著。

借势一般都是借助新出现的热门事件来吸引用户眼球。一般来说，实时热点拥有一大批关注者，而且传播的范围也会非常广，借助这些热点，中视频的标题和内容曝光率会得到明显的提高。

那么，在制作借势热点型中视频标题时应该掌握哪些技巧呢？笔者认为，可以从 3 个方面来把握，如图 8-16 所示。

图 8-16 打造借势热点型中视频标题的技巧

例如，在电视剧《大江大河 2》热播期间，许多人对该剧的相关内容进行了热烈讨论，一时之间该剧成为了一个热点。而许多运营者在看到这种情况之后，顺势打造与该剧相关的中视频，并在标题中加入"大江大河 2"这个关键词，很显然，这便是借势热点打造的标题，如图 8-17 所示。

值得注意的是，在打造借势热点型标题时，要注意两个问题：一是带有负面影响的热点不要蹭，大方向要积极向上，要充满正能量，要带给用户正确的思想引导；二是在借势型标题中加入自己的想法和创意，然后将发布的中视频与之相结合，做到借势和创意的完美同步。

图 8-17　借势热点型标题

8.2.8　警示用户：给出强烈暗示

警示用户型标题是一种有力量且严肃的标题，也就是通过标题给人以警醒作用，从而引起用户的高度注意。它通常会将警告事物的主要特征、重要功能和核心内容移植到中视频标题中。

那么，警示用户型标题应该如何构思和打造呢？很多人只知道警示用户型标题能够快速吸引用户的目光，但具体要如何制作却是一头雾水。对此，可以重点做好这 3 点，即寻找目标用户的共同需求、运用程度适中的警告词汇和突出展示问题的紧急程度。

在运用警示用户型标题时，需要注意运用的中视频内容是否恰当，因为并不是每一个中视频都适合于使用这种类型的标题。这种标题形式运用得当的话，能为中视频加分，并起到其他标题无法替代的作用；运用不当的话，很容易让用户产生反感情绪，或引起一些不必要的麻烦。因此，在使用警示用户型标题时要非常谨慎小心，注意用词恰当与否，绝不能不顾内容胡乱取标题。

警示用户型标题可以应用的场景有很多，无论是技巧类的内容，还是供大众娱乐消遣的娱乐八卦新闻，都可以用到这一类型的标题形式。图 8-18 所示，为运用警示用户型标题的案例。第一个中视频中的"注意"能让用户快速锁定标题，并对中视频内容产生兴趣，而第二个中视频中的"警惕"，则既起到了警示用户的作用，又吸引了用户的注意力。

图 8-18 警示用户型标题

选用警示用户型标题这一形式，主要是为了提升中视频用户的关注度，并大范围地传播中视频。因为警示的方式往往更加醒目，能够触及中视频用户的利益。如果不去观看可能会让用户的利益受损，那么，可能本来不想观看中视频的用户也可能会点击观看，因为涉及自身利益的事情，用户往往都是比较关心的。

8.2.9　紧急迫切：营造紧张气氛

很多人或多或少都会有一点拖延症，总是需要在他人的催促下才愿意动手做一件事。富有急迫感的标题就有一种类似于催促用户赶快观看中视频的意味在里面，它能够给用户传递一种紧迫感。

使用紧急迫切型标题时，往往会让用户产生现在不看就会错过什么的感觉，从而想要立马观查中视频。那么，这类标题具体应该如何打造呢？笔者将其相关技巧总结为如图 8-19 所示的三点。

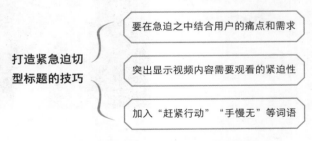

图 8-19　打造紧急迫切型标题的技巧

紧急迫切型标题，是促使用户行动起来的有效手段，而且也是切合用户利益的一种标题打造方法。图 8-20 所示，为紧急迫切型标题的典型案例。

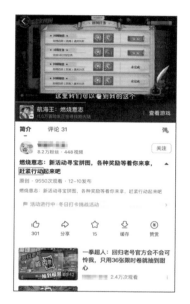 

图 8-20　紧急迫切型标题

8.2.10　观点表达：展示自身想法

观点表达型标题，是以表达观点为核心的一种标题形式，一般会在标题上精准到具体的人，并且把人名镶嵌在标题之中。值得注意的是，这种类型的标题还会在人名的后面紧接对某件事的个人观点或看法。

观点表达型标题比较常见，而且可使用的范围比较广泛，常用公式有 5 种，如图 8-21 所示。

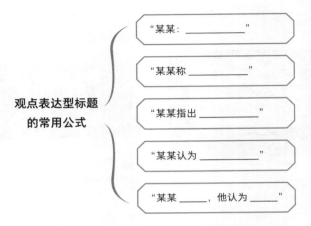

图 8-21　观点表达型标题的常用公式

当然，公式是一个比较刻板的东西，在实际的标题制作过程中，不可能完全按照公式来做，只能说它可以为我们提供一个大致的方向。那么在制作观点表达型标题时，有哪些经验技巧可以借鉴呢？笔者总结了 3 点，如图 8-22 所示。

图 8-22　观点表达型标题的制作技巧

观点表达型标题的好处在于一目了然，"人物＋观点"的形式往往能在第一时间引起用户的注意，特别是当人物的名气比较大

时，用户对中视频表达的观点会更容易产生认同感。图 8-23 所示，
为观点表达型标题的案例。可以看到，这两条中视频就是通过在标
题中加入人名或知名人士的观点，来吸引用户点击观看中视频内
容的。

图 8-23　观点表达型标题

8.2.11　数字具化：量化视频信息

数字具化型标题是指在标题中呈现出具体的数字，通过数字的
形式来概括相关的主题内容。数字不同于一般的文字，它会带给用
户比较深刻的印象，能够与用户的心灵产生奇妙的碰撞。在中视频
文案中采用数字具化型标题有不少好处，主要体现在以下 3 个方面。

（1）能有效提升中视频的点击率。

（2）生动形象，容易吸引用户的注意力。

（3）重点突出，点明结构，一目了然。

数字具化型标题也很容易打造，它是一种概括性的标题，只要做到以下 3 点就可以制作出来，如图 8-24 所示。

图 8-24　制作数字具化型标题的技巧

此外，数字具化型标题还包括很多不同的类型，如时间、年龄等，具体来说可分为如图 8-25 所示的 3 种。

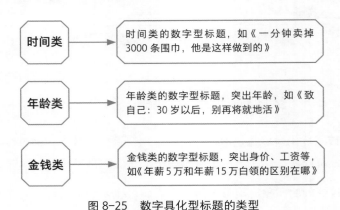

图 8-25　数字具化型标题的类型

数字具化型标题比较常见，它通常会采用悬殊的对比、层层递进等方式呈现，目的是为了营造一个比较新奇的情景，以对中视频用户产生视觉上和心理上的冲击。图 8-26 所示，为数字具化型标题的案例。

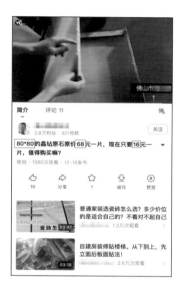

图 8-26 数字具化型标题

事实上，很多内容都可以通过具体的数字进行总结和表达，只要把想要重点突出的内容提炼成数字即可。同时还要注意在打造数字具化型标题时，可以使用阿拉伯数字，统一数字格式，并尽量把数字放在标题前面。

8.2.12 独家分享：发布独有资源

独家分享型标题，也就是从标题上体现运营者所提供的信息是独有的珍贵资源，让用户觉得该中视频值得点击和转发。从用户心理方面而言，独家分享型标题所代表的内容一般会给人一种自己率先获知，别人所没有知晓的感觉，因而在心理上更容易获得满足。

在这种情况下，好为人师和想要炫耀的心理就会驱使用户自然而然地去转发中视频，这样一来，用户便成为了中视频潜在的传播者。

独家分享型标题会给用户带来独一无二的荣誉感，同时还会使中视频内容更加具有吸引力。那么，在制作这样的标题时，我们应该怎么去做呢？是直接点明"独家资源，走过路过不要错过"，还是运用其他方法来暗示用户这条中视频的内容是与众不同的呢？

在这里，笔者提供 3 点技巧，来帮助大家成功打造出夺人眼球的独家分享型标题，如图 8-27 所示。

打造独家分享型标题的技巧

写标题前要充分掌握用户的心理状态

要从不同角度挖掘用户的痛点和需求

可以适当加入"独家""探秘"等字眼

图 8-27　打造独家分享型标题的技巧

使用独家分享型标题的好处在于可以吸引到更多的用户，让用户觉得中视频内容比较珍贵，愿意帮你主动宣传和推广中视频，从而让中视频内容得到广泛的传播。图 8-28 所示，为独家分享型标题的典型案例。

图 8-28   独家分享型标题

独家分享型标题往往也暗示着视频内容的珍贵性，因此运营者需要注意如果标题使用的是带有独家性质的形式，就必须保证中视频的内容也是独一无二的，务必将独家性标题与独家性内容相结合。

/ 8.3   制作标题的误区

在制作中视频标题时，还要注意不要走入误区。一旦标题打造失误，就会对中视频的观看数据造成不可挽回的影响。下面将从标题容易出现的 6 个误区出发，介绍如何更好地制作中视频标题。

8.3.1　表述含糊：表达不清模棱两可

运营者在制作标题时，要注意避免为了追求标题的新奇性而出现表述含糊的情况。很多人为了使自己的标题能够更加吸引用户的目光，便一味地追求标题上的新奇感，由此导致标题的语言含糊其辞。

何为表述含糊？所谓"含糊"，是指语言表达不确定，或者表达方式或表达含义模棱两可。如果在标题上表述"含糊"，那么用户看到标题后就可能完全不知道运营者想要表达的是什么，甚至觉得整个标题都很混乱，完全没有重点。

因此在制作标题时，要注意标题表达的清晰性，重点要明确，要让用户在看到标题时，就能知道中视频内容大致讲的是什么。一般来说，要想表述清晰，就要做到找准内容的重点，明确内容中的名词，如人名、地名和事件名等。

8.3.2　无关词汇：追求趣味随意乱用

一些运营者为了让自己的标题变得更加有趣，经常使用一些与标题没有多大联系，甚至是根本没有关联的词汇，想以此达到吸引用户注意力的效果。

这样的标题可能在刚开始时的确能引起用户的注意，但时间一久，用户就会拒绝这种为标题随意添加无关词汇的视频。这样的结果所造成的影响，对于一个品牌或者运营者来说是持久的。所以，在制作标题时一定不要将无关词汇使用到标题当中去。在标题中使用无关的词汇也有很多种类型，如图 8-29 所示。

图 8-29　在标题中使用无关词汇的类型

在标题的制作中，词汇的使用一定要与中视频标题和内容有所关联，不能为了追求标题的趣味性就随意乱用无关词汇，而应该学会巧妙地将词汇与标题的内容紧密结合，使词汇和标题内容融会贯通、相互照应，只有做到如此，才算得上是一个成功的标题。否则，不仅会对用户造成一定程度的欺骗，也会让运营者变成所谓的"标题党"。

8.3.3　负面表达：消极表达错误引导

制作标题的主要目的就在于吸引用户的目光，只有标题吸引住了用户的目光，用户才会想要去观看中视频的内容。基于这一情况，也让标题出现了一味追求吸睛而大面积使用负面表达的情况。

人天生都愿意接受美好的事物，而不愿意接受不好的事物，趋利避害是人的天性。这一情况也提醒运营者在制作标题时要尽量避免负面的表达方式，而要运用正面的、健康的、积极的方式表达出来，给用户一个正能量的引导。

例如，在表示食用盐时，可以采用"健康盐"的说法，如《教你如何选购健康盐》，而要避免使用"对人体有害"这一负面信息的表达，这样才能让中视频内容和产品更容易被用户所接受。

8.3.4　虚假自夸：胡编乱造毫无上限

在制作标题时，虽说要用到文学中的一些手法，如夸张、比喻等，但这并不代表就能毫无上限地夸张，把没有说成有，把虚假说成真实。在没有准确数据和调查结果的情况下冒充"第一"，这在标题的制作中是万不可取的。

在制作标题时，要结合自身品牌的实际情况，来进行适当的艺术上的描写，而不能随意夸张，胡编乱造。如果想要使用"第一"或者意思与之差不多的词汇，不仅要得到有关部门的允许，还要有真实的数据调查作为依据。如果随意使用"第一"这样的词眼，不仅会对自身品牌形象产生负面的影响，还会对用户造成欺骗和误导。当然，这也是法律所不允许的。

8.3.5　比喻不当：强拉联系难以理解

比喻式的中视频标题能将某事物变得更为具体和生动，具有化抽象为具体的强大功能。所以采用比喻的形式制作标题，可以让用户更加清楚地理解标题中出现的内容，或者是运营者想要表达的思想和情绪。这对于提高中视频的相关数据也能起到十分积极的作用。

但在标题中运用比喻也要注意比喻是否得当的问题。一些运营者在用比喻式的标题来吸引用户目光时，常常会出现比喻不当的情况，也就是本体和喻体没有太大联系，甚至毫无相关性的情况。

在标题之中，一旦比喻不当，用户就很难利用中视频标题达到自己想要的效果，那么标题也就失去了它存在的意义。这不仅不能被用户接受和喜爱，还可能会因为比喻不当，而让用户产生质疑和困惑，从而影响中视频的传播效果。

8.3.6 强加于人：气势凌人强行植入

强加于人，就是将一个人的想法或态度强行加到另一个人身上，不管对方喜不喜欢，愿不愿意。在制作标题当中，"强加于人"就是指运营者通过"一定""必须"等词汇将本身或者某一品牌的想法和概念植入标题之中，强行灌输给用户，强制让用户认同。

当一个标题太过气势凌人时，用户不仅不会接受该标题所表达的想法，还会产生抵触心理。如此往复循环，最终遭受损失的还是运营者自己。

第 9 章

Chapter Nine

方案撰写

/

增加中视频内容的看点

学前提示

在撰写中视频文案时，如何创作出有新意的文案，是每个运营者都必须重点把握的内容。本章，笔者主要介绍各类中视频文案的撰写技巧，以帮助大家更好地打造具有亮点的中视频文案。

要点展示

/ 不同文案的要求不同
/ 文案表达要用好文字
/ 文案撰写的主要禁区

/ 9.1 不同文案的要求不同

文案的类型不同，写作要求也不尽相同。中视频运营者想要用不同类型的文案更好地向用户传递信息，就要对各类文案的写作要求有所了解。下面笔者就来具体介绍 8 种不同类型中视频文案的写作技巧。

9.1.1 主题文案：简洁大方开门见山

在进行文案设计时，运营者一定要明确主题，还要在视觉表达上突出主题，让用户直接接收到你想要传递的信息。因此，主题文案的表达要做到简洁大方、效果显著、开门见山。

通常来说，为了突出文案的主题，可以在中视频的封面或者第一个画面中重点展示主题。图 9-1 所示，为两个中视频的第一个画面。可以看到这两个画面就是通过大字号的字体，对主题信息进行展示的。

图 9-1　在第一个画面中重点展示主题信息

除此之外，还可以在中视频中强调文案的主题。例如，把文案主题放置在中视频的显眼位置，让用户看到视频后能快速把握主题。图 9-2 所示，为某中视频的相关画面。可以看到该中视频就是将主题信息固定放置在画面上方的。由于在该视频播放过程中，主题信息一直在显示，所以用户看到该视频之后，很容易就能把握住主题。

产品营销类中视频的主题通常都是围绕营销展开的，所以，中视频中通常会有促销、优惠、打折和满减等信息。此时，可以在视频中重点展示这些信息，让用户在快速了解主题的同时，被视频中的福利吸引，从而更好地提高用户的购买欲。

图 9-2　在中视频中的显眼位置强调文案的主题

同时，在突出主题视觉效果时还要注意一些问题，不然可能会造成视觉效果的混乱。图 9-3 所示，为设计主题突出的视觉效果时应该注意的问题。

图 9-3　突出主题视觉效果时的注意事项

9.1.2 促销文案：增加用户下单意愿

促销文案是中视频中比较常见的一种文案形式，通常来说，促销文案具有以下几个主要特征，如图 9-4 所示。

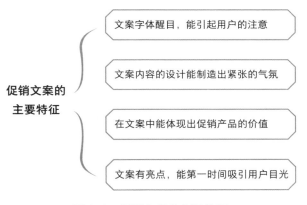

图 9-4 促销文案的主要特征

当然，一则文案要想获得更好的营销效果，关键还得让用户愿意下单购买产品。通常来说，优惠的价格会比较容易吸引用户下单。对此，可以通过促销文案来突出产品在价格上的优惠力度。

具体来说，运营者可以直接展示促销产品的折扣力度，或者通过价格的对比，让用户看到此次促销的优惠空间。

图 9-5 所示，为两则促销类中视频文案的相关画面。可以看到这两条中视频就是通过产品原价和现价的对比，来凸显产品当前价格的优惠，从而吸引用户下单购买产品或服务的。

图 9-5　通过原价和现价对比凸显价格优惠

9.1.3　读心文案：牢牢把握用户需求

读心文案就是专门针对用户的实际需求打造中视频内容的一种文案形式。在创作读心文案时，运营者要学会读懂用户的心思，这样才能让文案内容对用户更有吸引力。

了解用户需求的方法有很多，其中，比较实用的一种方法就是通过搜索关键词，了解平台中用户经常观看的内容有哪些。例如，在搜索栏中输入"女装"，可以看到许多与"女装"相关的关键词，而这些关键词所对应的内容也就是该平台用户经常观看的内容，如图 9-6 所示。

图 9-6　输入"女装"可以看到的关键词

在了解用户需求之后，就可以从用户需求出发来打造中视频文案内容。例如，在打造女装营销类中视频文案时，可以从为用户推荐穿搭方案的角度来展示女装，如图 9-7 所示。这样一来，中视频就能吸引对女装穿搭感兴趣的用户的关注，而且如果运营者展示的穿搭足够打动人，用户也会更加愿意购买运营者所穿搭的女装。

图 9-7　从穿搭角度来展示女装

另外，不同用户的需求也不尽相同，运营者要学会结合用户的不同需求打造目标用户所需要的文案内容。例如，即使同样是洁面皂，也可以针对抑制长痘和除螨等需求打造出不同的文案。

9.1.4 卖点文案：全力展示自身优势

卖点文案就是通过中视频内容尽力突出卖点，包括视频内容的卖点和产品的卖点，让用户看到文案后，更有兴趣查看视频内容或购买视频当中所介绍的产品，从而更好地达到营销推广的作用。

运营者要写好卖点文案，除要了解产品针对的目标人群和中视频自身的卖点之外，还应掌握卖点文案所必须具备的 3 个特征。

（1）展现出的卖点要足够有吸引力。

（2）文案中的介绍要尽量简明扼要。

（3）文案的主题和内容要紧扣卖点。

不同的卖点文案，其打造的方法也不相同。如果是产品营销类的卖点文案，那么只需在文案中体现出产品优势即可。图 9-8 所示，为某暖手充电宝的卖点中视频文案。因为该暖手充电宝的分离式设计比较独特，所以，该中视频便将分离式设计作为了主要卖点。

而如果是将中视频内容作为卖点来吸引用户，那么就要让用户快速看到中视频内容的价值。对此，需要体现出中视频内容对用户的用处。例如，可以将用户用得上的一些技巧作为卖点来打造中视频。

图 9-8　将暖手充电宝的分离式设计作为卖点的文案

9.1.5　活动文案：明确目的有的放矢

大多数人在创作活动文案时通常是带有一定的目的性，这个目的可以分为很多种，下面，笔者以图解的形式来进行具体分析，如图 9-9 所示。

图 9-9　创作活动文案的不同目的

　　不同活动文案的操作方法也有所不同。如果只是要将活动的消息告知用户，那么在打造活动文案时，只需重点凸显"活动"这个字眼，并将活动的重点信息传递给用户即可。

　　图 9-10 所示，为某中视频活动文案的相关画面。可以看到，该中视频对"活动"这个字眼进行了重点展示，并对活动的重点内容进行了说明，而用户在看到相关画面时就会很容易被吸引。

图 9-10　将活动信息告知用户

　　如果想更好地吸引用户参与活动，则可以将活动中的一些福利和玩法告知用户，让用户觉得参与活动是能够获得实实在在好处的。

　　另外，无论是哪种活动，都会有一个期限。在创作活动文案时，可借助活动期限制造紧张氛围，增强文案的营销效果让更多用户在活动期间参与进来购买相关产品。

9.1.6 新品文案：围绕产品打造内容

新品文案的创作主要是以新产品为中心，围绕产品来打造文案内容。常见的新品文案内容通常包括产品分析、测评和推广等。很多新品推出之时，都会重点展示该新品的卖点，通过卖点来吸引用户的目光，激发用户的购买欲望。

图 9-11 所示，为某新款手机的中视频文案。可以看到该中视频就是通过重点展示"4800W（像素的）主摄（镜头）""800W（像素的）广角（镜头）""200W（像素的）微距（镜头）""37 分钟（可以）完全充满（电）"等卖点，来吸引目标用户群体购买该款手机的。

图 9-11　对新品的卖点进行重点展示

除了对新品的卖点进行重点展示之外，还可以通过新品预告文案为新品的推出造势，以吸引更多用户关注新品。图 9-12 所示，为某条新品预告类中视频的相关画面。这个中视频就将重点放在了"新品即将上市"上，让新品还未推出便获得了一部分用户的关注。

图 9-12　预告文案为新品造势

新品文案是每个商家在推出新品时都不能忽视的，因为新产品营销的成功与否往往取决于文案视觉效果设计的好坏，如果没有抓住产品卖点或者没有打造出富有特色的卖点，那么新品将难以突围成功。

9.1.7　连载文案：持续推出系列内容

连载文案，就是指针对某一内容持续推出多篇文案，让用户对该内容有更详尽的了解。图 9-13 所示，为某运营者发布的中视频连载文案。可以看到，这两条中视频文案中的文字介绍信息相同，只是用"（上）""（下）"来显示内容的先后顺序，让用户明白这是连载文案。

图 9-13　某中视频运营者发布的连载文案

另外，因为连载文案是通过多篇文案对同一内容进行说明，所以运营者还需通过一些方法让用户持续关注文案内容。例如，可以将一些悬念留到之后的文案中，并在文案的文字说明中用"请听下回分解"之类的话语引导用户关注下一篇文案，如图 9-14 所示。

图 9-14　引导用户关注下一篇文案

9.1.8　节日文案：积极营造节日氛围

节日文案往往通过在文案中增添一些节日特色，来营造出浓厚的节日气氛，如中秋节时围绕"家庭""团圆""幸福""美好"等主题进行文案的设计；春节时就撰写比较热闹、温情的文案；而端午节时则在文案中提到与历史有关的内容。总之，不同的节日文案会有不同的主题和风格，但总体而言，节日文案的打造都离不开节日氛围的营造。

打造节日文案主要有两种方法，一种是对节日的相关信息进行说明，并表达节日祝福，如图 9-15 所示。

图 9-15 对节日信息进行说明和表达祝福的节日文案

另一种是围绕节日为用户提供一些实用的技巧。图 9-16 所示，为一条中秋节中视频文案的相关画面。可以看到，这条中视频就是通过中秋花灯的制作技巧，来吸引用户目光的。

在实际操作过程中，只需根据自身实际情况选择节日文案的操作方案即可。但通常来说，围绕节日为用户提供实用技巧所取得的营销效果要更好一些，因为节日时大多数中视频账号都会发布祝福类中视频，所以这类中视频很难做出特色，而且用户看了几条同类视频之后，也就不会对这类中视频再感兴趣，如图 9-16所示。

图 9-16　围绕节日为用户提供实用技巧

/ 9.2　文案表达要用好文字

文案创作需要具备一定的文字水平，运营者要想更高效率、更高质量地完成文案创作任务，除需掌握写作技巧外，还需要学会玩转文字，让文字表达更加迎合目标用户的口味。

9.2.1　语义通俗：简单明了一看就懂

文字应通俗易懂，要做到雅俗共赏。这既是对文案文字的基本要求，也是在中视频文案创作的逻辑处理过程中，运营者所必须了解的思维技巧之一。从本质上而言，通俗易懂并不是要将文案中的内容省略掉，而是通过文字组合全面展示内容，让用户在看到文案之后便立即心领神会。

图 9-17 所示，为部分中视频的封面文案，这些文案中的文字非常通俗易懂，用户一看就能明白中视频要讲的是哪方面的内容。

图 9-17　通俗易懂的文案文字

从通俗易懂的角度出发，我们追求的主要是文字所带来的实际效果，而非辞藻上的华丽。那么，如何让文字发挥出更好的实际效果呢？运营者不妨从以下 3 个方面进行考虑。

（1）是否适合要用的媒体。

（2）是否适合产品的市场。

（3）是否适合产品的卖点。

9.2.2　内容简洁：多余文字直接删除

成功的文案通常有着共同之处，失败的文案则是原因众多。在可避免的那些问题中，文字的多余累赘是文案失败的主因，其导致的结果主要包括内容毫无意义、文字说服力差、问题模棱两可等。

删除多余的内容对于中视频广告文案来说其实是一种非常明智的做法，一方面，多余的内容删除之后，重点内容会更加突出，用户能够快速把握运营者要传达的意图；另一方面，多余的内容删除之后，内容将变得更加简练，同样的内容能够用更短的时间进行传达，用户不易产生反感情绪。

9.2.3　少用术语：保证外行也能看懂

专业术语是指特定领域和行业中，对一些特定事物的统一称谓。在现实生活中专业术语十分常见，如在家电维修业中将集成电路称作 IC，添加编辑文件叫作加编，将企业的行政总裁称为 CEO 等。

专业术语的实用性往往不一，但从文案撰写的技巧出发，往往需要将专业术语用更简洁的方式进行替代。专业术语的通用性比较强，但是文案中往往不太需要。相关的数据研究也显示，专业术语并不适合给大众阅读，尤其是在快节奏化的生活中，节省阅读者的时间和精力，提供良好的阅读体验才是至关重要的。

图 9-18 所示，为某中视频文案的部分内容。可以看到，在这则文案中有一些外行人看不懂的词汇，如"I7 8700""RTX2060

显卡"等，这样就会让一些不太懂行的用户看得一头雾水。

图9-18 专业术语较多的文案

当然，减少术语的使用量并不是不能使用专业术语，而是要控制使用量，并且适当对专业术语进行解读，便于用户了解文案要表达的意思，把专业内容变得通俗化。

9.2.4 控制字数：全文显示介绍文字

控制字数，首先要将文案的整体内容的字数稳定在一个可以接受的范围内，其次就是要创造一定的韵律感，这在广告类文案中比较常见。而控制段落字数则有突出文字内容的作用，可以让整篇文案显得长短有致。

　　在文案中，更为常见的就是一句话式的广告文案，文字精炼、效果突出，甚至不需要前期的大段文字铺垫，就能够引起用户的兴趣。用一句话作为单独的文案突出展现内容，是文案撰写的常用技巧。一句话的模式能够突出内容，也能够使呆板的文案形式变得生动。如果突然出现一句话成为单个段落，中视频用户的注意力就会被集中过来。

　　另外，大多数中视频平台中，文字介绍部分能够显示的内容比较有限，如果中视频文案中的文字介绍过多，那么便不能将全文显示出来，这会对用户快速了解中视频内容产生一些不利影响。

　　例如，在微信视频号中，如果文案中的文字说明太长，那么文字说明的后方会出现"展开"这两个字。用户只有点击"展开"按钮，才能看到全部的文字说明，如图 9-19 所示。

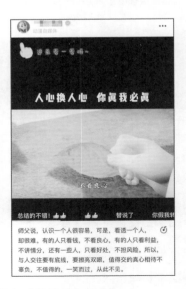

图 9-19　点击"展开"按钮才能显示文案全文

/ 9.3　文案撰写的主要禁区

与硬广相比，中视频电商文案不仅可以更好地提高品牌的知名度、美誉度，同时发布在门户站点的文案更能增加网站外部链接，提升网站权重。然而，想要撰写一个好的中视频文案并非易事，它对运营者的专业知识和文笔功夫都有着很高的要求。

不少运营者和文案编辑在创作文案时，往往因为没有把握住文案编写的重要事项而以失败告终。下面就来盘点一下文案创作过程中需要注意的 6 大主要禁区。

9.3.1　中心不明：乱侃一通偏离主题

有的运营者在创作中视频文案时，喜欢兜圈子，可以用一句话表达的意思非要反复强调。这样不但降低了文案内容的可读性，还可能会让用户嗤之以鼻。尽管中视频文案是广告的一种，但它追求的是"润物细无声"，即在无形中将所推广的信息传递给目标用户，而过度地说空话、绕圈子，则难免会有吹嘘之嫌。

此外，文案是为推广服务的，因而每篇文案都应当有明确的主题和内容焦点，并围绕该主题和焦点进行文字创作。然而，有的运营者在创作文案时偏离主题和焦点，乱侃一通，导致用户读后一头雾水，营销力度被大打折扣。

9.3.2 记流水账：没有亮点可看性低

文案撰写时不需要提及产品很多个特点，只需要有一个亮点即可，这样的文案才不会显得杂乱无章，并且更能扣住核心。不管是怎样的文案，都需要选取一个细小的点来展开脉络，重点展示一个亮点，才能将文字有主题性地聚合起来，形成一个价值性强的文案。

如今，很多文案在表达某一信息时，看上去就像记"流水账"一般，毫无亮点，这样的文案其实根本就没有太大的价值，并且这样的文案内容较多，往往导致可看性大大降低，让用户不知所云。

9.3.3 有量没质：把视频发布当任务

文案相对其他营销方式来说成本较低，成功的文案也有一定的持久性，一般文案成功发布后就会始终存在，除非发布的那个平台倒闭了。当然，始终有效并不代表马上就能见效，于是有的中视频运营者一天会发几十个文案到平台上。

事实上，文案营销并不是靠数量就能取胜的，更重要的还是看质量，一个高质量的文案胜过十几个一般的文案。然而事实却是，许多运营者把中视频文案的发布当成一项任务，为了保证推送的频率，宁可发一些质量相对较差的文案。

比如，有的账号几乎每天都会发布中视频，但是，其中文案的原创内容却很少。而这种不够用心的文案推送策略所导致的后果，往往就是内容发布出来之后却没有多少人观看。

这些运营者仅仅将内容的推送作为一个自己要完成的任务，只是想着要按时完成，而不注重内容是否可以吸引到目标用户，甚至有的运营者会将完全相同的文案内容进行多次发布。像这一类的文案，质量往往没有保障，并且点击量等数据也会较低，如图 9-20 所示。

图 9-20 点击量等数据偏低的文案

运营者应该怎样避免"文案求量不求质"的运营操作误区呢？笔者认为，办法主要有两个，一是加强学习，了解文案营销的流程，掌握文案撰写的基本技巧；二是聘请专业的营销团队创作文案，因为他们专注于文案撰写，所以其撰写的文案质量通常会比较高。

9.3.4 书写问题：各种错误层出不穷

众所周知，报纸杂志在出版之前，都要经过严格审核，以保证文章的准确性，尤其是涉及重大事件或是国家领导人，一旦出错就需要追回重印，损失巨大。虽然中视频文案的书写错误不会有这么大的影响，但也会影响用户对中视频内容的第一印象。文案常见的书写错误包括文字、数字、标点符号以及逻辑错误等方面，运营者必须严格校对，防止书写错误风险的出现。

（1）文字错误。文案中常见的文字错误为错别字，如一些名称错误，包括企业名称、人名、商品名称和商标名称等。对于文案尤其是营销文案来说，错别字无疑会影响文案的整体质量。

在撰写中视频文案时，文字方面的错误也应该尽可能地避免。图 9-21 所示的中视频文案中，就将"作"写成了"做"。这很容易让用户觉得你在制作中视频文案时不够用心。

图 9-21　出现文字错误的文案

（2）数字错误。参考国家《关于出版物上数字用法的试行规定》

《国家标准出版物上数字用法的规定》及国家汉语使用数字有关要求，数字使用有 3 种情况：一是必须使用汉字；二是必须使用阿拉伯数字；三是汉字和阿拉伯数字都可用，但要遵守"保持局部体例上的一致"这一原则。而在中视频文案中错得比较多的就是第 3 种情况。

例如，"1 年半"应为"一年半"，"半"也是数词，"一"不能改为"1"；再比如说，夏历月日误用阿拉伯数字，如"8 月 15 中秋节"应改为"八月十五中秋节"；"大年 30"应改为"大年三十"，"丁丑年 6 月 1 日"应改为"丁丑年六月一日"；还有世纪和年代误用汉字数字，如"十八世纪末""二十一世纪初"应写为"18 世纪末""21 世纪初"。

此外，较为常见的数字错误还有数字丢失，如"中国人民银行 2020 年第一季度社会融资规模增量累计为 11.08 亿元"。我们知道，一个大型企业每年的信贷量都在几十亿元以上，那么整个国家的货币供应量怎么可能才"11.08 亿元"？所以，根据推测应该是丢失了"万"字，应为"11.08 万亿元"。

（3）标点错误。无论是哪种文章，标点符号错误都应尽力避免。在文案创作中，常见的标点错误包括以下几种。

一是引号用法错误。这是标点符号使用中错得比较多的方面。不少报纸对单位、机关、组织的名称，以及产品名称、牌号名称都用了引号。其实，只要不发生歧义，名称一般都不用引号。

二是书名号用法错误。证件名称、会议名称（包括展览会）不用书名号。但有的报纸把所有的证件名称，不论名称长短都用了书名号，这是不合规范的。

三是分号和句号用法常见错误。这也是标点符号使用中错得比较多的情况。主要是简单句之间用了分号，不是并列分句，不是"非并列关系的多重复句第一层的前后两部分"，不是分行列举的各项之间，都使用了分号，这是错误的。还有的两个半句合在一起构成一个完整的句子，但中间也用了分号。有的句子已很完整，与下面的句子并无并列关系，该用句号时，却用成了分号，这也是不对的。

（4）逻辑错误。所谓逻辑错误，是指文案的主题不明确，全文逻辑关系不清晰，存在语意与观点相互矛盾的情况。

9.3.5　脱离市场：闭门造车不切实际

许多中视频中的文案多是关于企业产品和品牌的内容，这些产品和品牌是处于具体市场环境中的产品，其所针对的目标消费者也是处于市场环境的具有个性特色的消费者，因此，脱离市场闭门造车，其结果必然是失败的。

所以，从产品方面来说，在编写和发布文案时，必须进行市场调研，了解产品情况，才能写出切合实际，能获得消费者认可的文案。在文案编写过程中，应该充分了解产品，具体分析如图 9-22 所示。

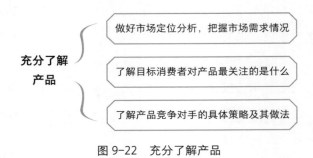

充分了解产品

做好市场定位分析，把握市场需求情况

了解目标消费者对产品最关注的是什么

了解产品竞争对手的具体策略及其做法

图 9-22　充分了解产品

而从消费者方面来说，应该迎合消费者的各种需求，关注消费者感受。营销定位大师特劳特曾说："消费者的心是营销的终极战场。"那么，文案也要研究消费者的心智需求，也要从这一着眼点出发，其具体内容如下。

（1）安全感。人都是趋利避害的，内心的安全感是最基本的心理需求，把产品的功用和安全感结合起来，是说服客户的有效方式。

比如，新型电饭煲的中视频平台销售文案说，这种电饭煲在电压不正常的情况下能够自动断电，能有效防范用电安全问题。这一要点的提出，对于关心电器安全的家庭主妇来说一定是个攻心点。

（2）价值感。得到别人的认可可以获得自我价值实现的满足感，将产品与实现个人的价值感结合起来就可以打动客户。某老年人用的产品之所以可以打动消费者，就在于它满足了消费者孝敬父母的价值感。

比如，销售豆浆机的文案可以这样描述："当孩子吃早餐的时候，他们多么渴望不再去街头买豆浆，而是能够喝上刚刚榨出来的纯正豆浆啊！当妈妈将热气腾腾的豆浆端上来的时候，看着手舞足蹈的孩子，哪个妈妈会不开心呢？"由此，一种做妈妈的价值感油然而生，从而激发起为人父母的消费者的购买意念。

（3）支配感。"我的地盘我做主"，每个人都希望表现出自我支配权。支配感不仅是对自己生活的一种掌控，也是源于对生活的自信，更是中视频文案要考虑的出发点。比如，一款智能语音播报机器人产品的方案可以这样来写："您好，主银，您需要我为您做些什么吗？"

（4）归属感。归属感实际就是标签，也就是说，你是哪类人，无论是成功人士、时尚青年，还是小资派、非主流，每个标签下的人要有一定特色的生活方式，他们使用的产品、他们的消费都表现出一定的亚文化特征。

比如，对于追求时尚的青年，销售汽车的中视频文案可以写："这款车时尚、动感，改装也方便，是玩车一族的首选。"对于成功人士或追求成功的人士，可以这样写："这款车稳重、大方，开出去见客户、谈事情比较得体，也有面子。"

9.3.6　不能坚持：三天打鱼两天晒网

文案营销的确需要通过发布文案来实现，如果把中视频平台文案运营比作一顿丰盛的午餐，那么文案的干货内容就是基本的食材，文案的编写就是食材的相互组合和制作，文案的发布就是餐盘的呈现顺序和摆放位置，这些都是需要有一个全盘策划的，平台文案营销也是如此。

文案营销需要有一个完整的策划，需要根据企业的行业背景和产品特点策划营销方案，根据企业的市场背景制作媒体发布方案，文案创意人员策划文案等，而不仅仅是文案的发布这一个动作。关于中视频文案的策划流程，具体介绍如图 9-23 所示。

对于文案营销推广，有的人一天发好多篇，天天在发，但也有人一年发一两次。笔者了解到，许多运营者觉得文案可以带来一些口碑，但能够直接带来的客户还是比较有限的，因此许多人只是在工作之余才发几篇文案。

图 9-23　中视频文案的策划流程

其实，文案营销是一个长期过程，别想着只发一篇文案就能带来多少流量，带来多么大的效益，不能"三天打鱼，两天晒网"，不是今天发 10 个，下个月想起来了再发几个，毫无规律是不行的。

文案营销，从实质上来说，并不直接促成成交的推广，但长期有规律的文案发布却可以提升运营者的形象，提高产品的成交率。所以，要想让中视频文案营销对用户产生深刻的影响，还得长期坚持文案推送。

潜在客户一般是通过广告认识企业的，但让他们下定购买决心的往往是长期的文案催化，当用户长期见到这个品牌文案，就会不知不觉地记住它，潜意识里会形成良好印象，所以当用户需要相关产品时，自然就会购买。

因此，在中视频平台的运营中，文案的编写和发布是需要长期坚持的，"坚持就是胜利"对文案营销而言，并不只是说说而已，它要求运营者去具体地实施。对于坚持而言，它有两个方面值得运营者注意，一是方向的正确性，二是心态与行动的持续性。

（1）方向的正确性。只有保证在坚持过程中方向的正确性，才不会出现与目标南辕北辙的情况，才能尽快地实现营销目标。在中视频文案营销中，方向的正确性具体可表现在对市场大势的判断和对营销技巧、方式的正确选择上。

（2）心态与行动的持续性。在中视频文案营销过程中，必须在心态上保持不懈怠，行动上不断走下去，这样才能更好地获得成功。运营者要想获得预期的方案营销效果，坚持不懈地经营可以说是不可或缺的。

第 10 章

Chapter Ten

回复评论

/

营造活跃的评论区氛围

◀)) **学前提示**

　　回复评论应该成为中视频运营者日常工作中的一项重点内容。
当用户对中视频内容进行评论时，如果运营者积极地做好回复，
那么便可与用户进行良好的沟通交流，营造活跃的中视频氛围。

(?) **要点展示**

中视频评论区的主要作用
打造活跃的中视频评论区
回复用户评论的注意事项

/10.1　中视频评论区的作用

　　对于运营者来说，光是制作中视频就已是一件耗时耗力的事，
为什么还要回复用户的评论呢？这主要是因为中视频评论区可以起
到 3 大作用，下面笔者就对中视频评论区的 3 大作用分别进行说明。

10.1.1　体现价值：评论越多流量越多

　　中视频的用户评论量能够从一定程度上体现出中视频的价值，
通常来说，评论量越多的中视频，获得的流量就越多，而中视频的
流量价值也就越高。

　　图 10-1 和图 10-2 所示，分别为评论数较多和评论数较少的中
视频评论界面。可以看到，这两个中视频评论量的差距是很明显的。
也正是如此，大家一看就知道评论数多的这个中视频获得的流量要

多得多。

图 10-1　评论数多的评论界面　　　图 10-2　评论数少的评论界面

　　另外，用户在刷中视频时，也可以直接看到中视频的评论量。图 10-3 所示，为部分中视频播放界面。可以看到，在其播放界面中便直接显示了评论量。

图 10-3　中视频播放界面中显示评论量

也正是因为中视频评论量能够体现出中视频的流量价值，所以，用户在看到中视频的评论量比较少时，可能会觉得中视频的质量一般，并因此直接选择略过；而品牌方在寻找运营者合作时，如果看到运营者的中视频评论量太少，则会因为运营者的影响力有限而选择放弃合作。

因此，运营者一定要积极运营好中视频评论区，通过各种手段提高中视频的评论量，让用户和品牌方看到自己账号的价值。

10.1.2　补充说明：辅助完善视频内容

一个中视频长则几分钟、十几分钟，短则几秒钟、十几秒钟。在这有限的时间内，能够呈现的内容也是比较有限的，而且有的内容（如网页的链接）也不方便直接用中视频来进行呈现。在这种情况下，运营者便可以借助中视频评论区，来辅助完善中视频的相关内容。

图 10-4 所示，为一条广告营销类中视频，这种中视频通常都需要通过链接引导用户前往对应的网站，所以，运营者在评论区对主要内容进行了说明，并在文字后方放置了详情链接，用户只需在评论区点击该链接，便可直接前往对应的营销网页。

在笔者看来，中视频评论区的运营就是对中视频内容进行二次处理的一种有效手段。通过在中视频评论区的辅助说明，既可以完善视频内容，让运营者的营销意图得到更好的体现，又可以对中视频中表达有误的地方进行修正说明，及时纠正自身的错误。

图 10-4　在评论区对重要信息进行辅助说明

10.1.3　提供思路：挖掘新的视频选题

如果要问在中视频账号的运营过程中，什么是比较让人伤神的？可能一部分运营者的回答是做中视频的选题。确实，中视频的选题非常重要，如果用户对运营者的选题不太感兴趣，那么根据选题打造的中视频的各项数据很可能就上不去。

其实，挖掘中视频新选题的方法有很多，运营者既可以自主进行挖掘，也可以通过用户的反馈进行挖掘。而查看用户对中视频内容的评论，就是通过用户的反馈来挖掘新选题的一种有效方式。

某个中视频中，一位女性手上拿着面包说，她不想去某个火锅连锁店，因为它的服务太好了，让人有点不适应，而且还不能自带食材。但是，评论区的评论显示大部分人却将目光放在了这位女性手中拿着的面包上。

针对这种情况，该运营者可以通过用户的反馈，做一条该面包的营销中视频，并在视频中添加购买的链接。这样一来，不仅可以让许多用户的需求得到满足，而且运营者也可以借此获得一定的收益。

/ 10.2　打造活跃的中视频评论区

打造活跃的中视频评论区主要可以起到两个方面的作用，一是增加与用户的沟通，做好用户的维护，从而更好地吸引用户关注账号；二是随着评论数量的增加，中视频的热度也将随之增加。这样一来，中视频将获得更多的流量，营销效果也会更好。

那么，运营者要如何打造活跃的中视频评论区呢？下面笔者就为大家介绍 5 种方法。

10.2.1　引起讨论：选择广泛关注的内容

许多用户之所以会对中视频进行评论，主要就是因为对于中视频中的相关内容有话要说。针对这一点，运营者可以在打造中视频时，尽可能地选择一些能够引起用户讨论的内容，并在视频结尾处抛出问题引导用户积极参与讨论。这样做出来的中视频自然会带有用户感兴趣的点，而用户参与评论的积极性也会更高一些。

例如，爱情自古以来就是一个能够引起广泛关注的话题，每个人都有自己的爱情观，同时，每个人也希望收获自己梦想中的爱情。但是，现实与梦想之间却存在着差距，现实中的很多爱情并非那么美好。比如，有的人在爱情中太过偏执、控制欲太强，甚至爱得太过疯狂，于是部分运营者据此打造出了爱情话题类中视频内容。

图 10-5 所示，为某中视频的播放和评论界面。该中视频中，运营者展示了自己对成年人爱情的看法，并询问用户："你觉得呢？"

图 10-5　通过中视频内容引起用户广泛讨论

因为每个用户对于爱情都有自己的看法，再加上看完中视频之后，心中难免有一些感触，因此便纷纷发表评论，于是该中视频便快速获得了超过 8000 条评论，火速成为了热门视频。

10.2.2　设置话题：让用户主动进行评论

在中视频平台中，有一部分人在刷中视频时会觉得打字有些麻烦，除非是看到了自己感兴趣的话题，否则他们可能没有心情也没有时间对中视频进行评论。为了更好地吸引这部分用户积极主动地进行评论，可以在中视频中设置一些用户比较感兴趣的互动话题。

图 10-6 所示的中视频中，运营者通过出镜大爷的口吻，表达了自己对婆媳关系的看法。因为婆媳关系自古以来就是人们比较关注的一个话题，许多人对于这个话题都有话要说。所以看到这个话题之后，许多用户都主动在评论区发表自己的意见，而该中视频的评论量也在短期内超过了 20 000 条，由此便不难看出设置互动话题对于引导用户主动评论的效果。

图 10-6　通过设置话题引导用户主动评论

其实每个人都是有表达需求的，只是许多人认为，如果涉及的话题自己不感兴趣，或者话题对于自己来说意义不大，那么就没有必要花时间和精力去表达自己的意见。因此，如果要想让用户积极地进行表达，就需要通过话题的设置先激发起用户的表达欲。

10.2.3　降低门槛：引发更多用户的共鸣

做内容运营的运营者必须懂得一个道理，那就是不同内容能够吸引到的用户是不同的。比如，同样是歌曲，那些阳春白雪的歌曲能够听懂的人很少，注定会曲高和寡；而那些下里巴人的歌曲，虽然通俗，但却能获得更多人的应和。

其实，在做中视频内容时也是同样的道理。如果运营者做的是专业的、市场关注度不高的内容，那么做出来的中视频，有兴趣看的人就会很少，而对中视频进行评论的人就更少了。相反，如果运营者做的是用户普遍关注的，并且是参与门槛低的内容，那么就会引发更多用户的共鸣，而那些用户自然而然就会对中视频进行评论。

因此，如果想让中视频获得更多的评论，可以从内容的选择上着手，重点选择一些参与门槛低的内容，通过引发大量用户的共鸣来保障中视频的评论量。

图 10-7 所示，为某中视频的播放和评价界面。该中视频中，运营者对自己的减肥经历进行了分享和展示。因为减肥是大家普遍关注的一个话题，而且许多用户也有减肥的计划，或者正在减肥。所以，该中视频发布之后，很快就引发了许多用户的共鸣，评论量也在短期内实现了快速增长。

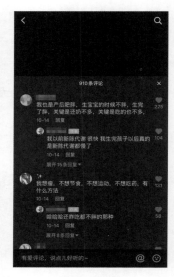

图 10-7　通过参与门槛低的内容引发共鸣

10.2.4　设置问题：让用户主动给出答案

相比于陈述句，疑问句通常更容易获得他人的回应。这主要是因为陈述句只是一种陈述，其中并没有设计参与环节。而疑问句则是把问题抛给了受众，这实际上是在提醒受众参与互动。因此，在中视频文案中通过提问的方式进行表达，可以吸引更多用户回答问题，从而直接提高评论量和评论区的活跃度。

图 10-8 所示的中视频，就是一个通过提问吸引用户回答问题，来提高评论区活跃度的典型案例。在该中视频中，运营者通过视频画面展示了未来丈母娘给自己做的一大盆菜。与此同时，运营者还借助中视频标题问道："丈母娘烧这个菜（给）我吃，是不是

把我当女婿了？"看到这个问题之后，许多用户都表达了自己的想法，于是该中视频的评论量很快就上来了。

图 10-8　通过设问吸引用户作答

10.2.5　构建场景：清楚展示产品的效果

场景化的回复，简单理解就是结合具体场景做出的回复，或者能够通过回复内容想到具体场景的回复。例如，在通过回复向用户介绍某种厨具时，如果把该厨具在什么环境下使用、使用的具体步骤和使用后的效果等内容进行说明，那么回复内容便变得场景化了。

相比于一般的回复，场景化的评论在用户心中能构建起具体的场景，所以，用户看到回复时，更能清楚地把握产品的具体使用效果。而大多数用户对于产品在具体场景中的使用又是比较在意的，因此，场景化的回复往往更能吸引用户的目光。

/ 10.3　回复用户评论的注意事项

在中视频评论区的运营过程中，回复用户的评论很关键，如果回复得好，那么回复的内容很可能会为中视频带来更多的流量；如果回复得不好，那么回复的内容很可能会为账号带来一些黑粉。

具体来说，要如何做好中视频评论的回复呢？笔者认为，运营者一定要了解回复用户评论的注意事项，并据此进行中视频评论区的运营。

10.3.1　保证质量：认真回应用户评论

运营者在对中视频评论进行回复时，既要注意"量"（回复的数量），也要注意"质"（回复的质量）。在笔者看来，高质量的回复应该建立在认真回复用户观点的基础上。如果你的回复与用户的评论风马牛不相及，用户就会觉得你的回复只是在敷衍他（她）。因此，对于这种没有质量的回复，大部分用户通常是不会买账的。

其实，要保证回复内容的质量也很简单，其中一种比较有效的方法就是针对用户评论中的重点内容进行评论。

图 10-9 所示，为某中视频的评论界面。可以看到，该运营者就是抓住用户评论中的重点字眼来进行回复的。这种回复能够很好地保障回复内容与用户关注重点的一致性，因此，这种回复质量总

体来说都是比较高的。

图 10-9　有针对性地回复用户的关注重点

10.3.2　态度积极：及时回复获取好感

当用户对中视频进行评论时，运营者一定要积极做好回复。这不仅是态度问题，还是获取用户好感的一种有效手段。那么，怎样才能做到积极回复用户的评论呢？笔者认为，运营者可以重点做好以下两个方面的工作。

一是用户进行评论之后，运营者要尽可能快地做出回复，让用户觉得你一直在关注中视频评论区的情况。图 10-10 所示，为某中视频的评论区。可以看到，运营者在用户评论完之后的几分钟、十几分钟内就迅速做出了回复。

二是尽可能多地对用户的评论做出回复，有条件的运营者可以对每个评论都进行回复。这可以让被评论的用户感受到你对他（她）的重视，运营者回复的评论越多，获得的粉丝就会越多。

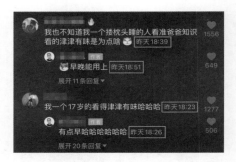

图 10-10　尽快对评论做出回复

　　图 10-11 所示，为某中视频的评论区。可以看到，该中视频的运营者就是尽可能地对每个评论都做出回复。虽然该运营者的回复内容比较简单，而且重复度比较高，但笔者认为这种回复收到的效果会比不对评论做出回复的效果要好得多。

图 10-11　尽可能对每条评论都进行回复

10.3.3　话题引导：引发用户继续讨论

笔者在 10.2.2 小节中曾提到，用户对于自己感兴趣的话题，会更有表达观点的意愿。但有时候有的用户可能对话题并不是太感兴趣。此时，运营者便可以通过评论区来寻找话题，让更多的用户参与到话题中，从而让用户的评论能够持续下去。

在评论区寻找话题的方法有两种，一种是运营者主动创造话题。图 10-12 所示的中视频评论界面中，运营者就是通过出镜人物衣服上的字来引导新话题的。许多用户在看到该话题后，都会通过视频仔细观察人物衣服上的字，部分用户甚至还会在评论区进行该话题的讨论。这样一来，评论区的活跃度自然就提高了。

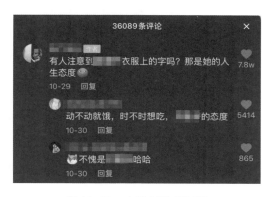

图 10-12　主动制造新话题

另一种是通过用户的评论来挖掘新话题。例如，当用户对某个话题普遍比较感兴趣时，运营者便可以将该话题拿出来，让所有用户共同对该话题进行讨论，进而提高评论区的活跃度。

10.3.4　幽默搞笑：风趣表达获得点赞

语言的表达是有技巧的，有时候明明是同样的意思，但是因为表达方式的不同，最终产生的效果也会产生很大的不同。通常来说，风趣的语言表达会比那些毫无趣味的表达更能吸引用户的目光，也更能获得用户的点赞。因此，在回复用户的评论时，可以尽量让自己的表达更加风趣一些，通过风趣的表达来获得用户的点赞。

图 10-13 所示，为某中视频的评论界面。可以看到，该运营者的回复在语言的表达上比较风趣，也正因如此，用户在看到运营者的回复之后便纷纷用点赞来表达自己的态度。

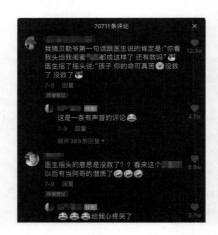

图 10-13　用风趣的语言吸引点赞

10.3.5　提出问题：引导用户活跃气氛

在 10.2.4 小节中，笔者在讲解打造活跃的评论区时曾提到，运营者可以通过在中视频文案中以提问的方式来吸引用户回答问题，从而增加用户的评论意愿。其实，提问增加用户的评论意愿这一点，不只可以用于中视频文案，它在评论区文案的创作中也同样适用。

　　而且相比于在中视频文案中提问，在评论区提问有时候获得的效果还会更好一些。这主要是因为用户如果需要查看评论，或对中视频进行评论，就需要进入中视频的评论区。而运营者的评论和回复内容又带有"作者"的标志，所以，用户一眼就能看到运营者的重要评论和回复内容。因此，运营者如果在中视频评论区提问，那么提问内容会被大部分甚至是所有查看评论的用户看到。在这种情况下，许多用户如果对运营者提问的内容感兴趣，就会积极回答。这样一来，中视频评论区的活跃度便得到了提高，而评论区的气氛也会变得更加活跃。

　　图 10-14 所示，为某中视频的评论界面。可以看到，该运营者就是通过提问的方式来吸引用户回答问题，从而活跃评论区气氛的。

图 10-14　通过在评论区提出问题活跃气氛

10.3.6　重视细节：将用户转化为粉丝

俗话说得好：细节决定成败。如果在中视频账号的运营过程中对细节不够重视，那么用户就会觉得运营者对运营工作有些敷衍。在这种情况下，中视频账号的粉丝很可能会出现快速的流失。相反，如果运营者对细节足够重视，用户就会觉得运营者在用心运营。而用户在感受到运营者的用心之后，也会更愿意成为运营者的粉丝。

图 10-15 所示，为某中视频的评论界面。这是一条某店铺的产品营销类中视频，许多用户直接在评论中表达了自己对该店铺中产品的喜爱。而看到这些用户的评论之后，运营者也对用户表示了感谢。看到感谢之后，用户感受到运营者的善意，并因此选择关注运营者的账号，这样便实现了粉丝的转化。

图 10-15　通过对用户表示感谢来转化粉丝

除表示感谢之外，把握细节认真回复用户的评论，让用户看到运营者在用心运营，也是一种转化粉丝的有效手段。

图 10-16 所示的中视频评论中，运营者在回复评论时，从一些细节处入手对用户的评论做出了回复，不仅让用户的疑惑得到了解答，还显示了自身的专业性，许多用户在看到该运营者的回复之后，便直接选择关注了该运营者的账号。

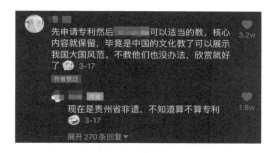

图 10-16　通过认真回复转化粉丝

10.3.7　面对吐槽：正确处理切勿互喷

在现实生活中总会有一些人喜欢抬杠，而在网络上，许多人因为披上了"马甲"，所以变得更加"畅所欲言"。对于这些喜欢吐槽，甚至是语言中带有恶意的人，运营者一定要保持良好的心态，千万不能因为这些人的不善而与其互喷，否则，许多用户可能会成为你的黑粉。

其实，在面对用户带有恶意的评论时，不与其互喷，而是以平和的心态进行处理，也是一种有素质的表现。这种素质有时候也能让你成功获取用户的关注。那么，在面对用户的吐槽时，要如何进行处理呢？在这里，笔者就给大家提供两种解决方案。

一种方案是用幽默的回复面对吐槽，在回复用户评论的同时，让用户感受到你的幽默感。图 10-17 所示，为某中视频的评论。因为该中视频中出镜的女性长得不是很好看，所以许多用户在评论区吐槽，让出镜的女性戴面纱遮住脸。而看到这些评论后，运营者不仅没有生气，反而用比较幽默的表达积极进行回复，令许多原本带有恶意的用户，在看到其回复之后也不禁生出了一些好感。

图 10-17　用幽默的回复应对吐槽

另一种方案是对于恶意的吐槽，直接选择不回复，避免造成语言上的冲突。图 10-18 所示，为某中视频的评论界面。可以看到，其中部分用户的评论是带有恶意的，而该中视频的运营者在看到这些评论之后，就直接选择了不回复。

当然，在实际操作时也可以将这两种方案结合使用。比如，当吐槽比较多时，可以用幽默的表达回复排在前面的几条评论，而那些排在后面的吐槽，就直接选择不回复就好了。

图 10-18　对于恶意吐槽选择不予回复

10.3.8　做好检查：认真核对减少错误

在回复用户的评论时，要做好回复内容的检查工作，尽可能地减少回复内容的错误。这一点很重要，因为如果回复中出现了错误，用户就会觉得运营者在回复评论时不够用心。那么，如何做好回复内容的检查呢？笔者认为，在检查回复内容时，需要重点做好两项内容的检查：一是文字，二是排版。

图 10-19 所示，为某中视频的评论界面。可以看到，该中视频的运营者在回复评论时，将"哑了"误写成了"亚了"，这就是明显的文字错误。

图 10-19　文字错误

图 10-20 所示，为某中视频的评论界面。该中视频运营者的回复内容不仅将"做得更好"写成了"做的更好"，而且还出现了不应该有的空行。所以，这条评论在回复的文字和排版上做得都是有瑕疵的。

图 10-20　文字错误且排版有误

第 11 章

Chapter Eleven

引流推广

/

汇聚上百万中视频流量

◀)) **学前提示**

　　每个中视频运营新手都想成长为运营高手，甚至想通过账号的运营，变身网红达人。而一个人从默默无闻到万人皆知，其中一个关键因素就是，通过引流推广快速积累粉丝，增强自身影响力。那么，如何做好中视频引流呢？笔者个人认为，可以从站外和站内功能分别进行引流，从而快速汇聚起百万流量。

② **要点展示**

　　／　借助站外平台引流
　　／　利用站内功能引流

/ 11.1　借助站外平台引流

　　运营者可以借助站外平台进行引流，实现中视频的广泛传播，获取更多目标用户。本节笔者就来重点介绍运营者需要重点把握的 10 大站外引流平台。

11.1.1　微信平台：告知朋友账号信息

　　微信平台引流主要是借助微信这个社交软件，将中视频账号的相关信息告知微信好友，从而实现引流。具体来说，微信引流可以从 3 个方面进行：一是微信聊天，二是微信公众号引流，三是微信朋友圈引流。下面笔者就来分别进行说明。

1. 微信聊天引流

微信聊天是微信的一个重要版块，许多人甚至直接将其作为日常生活和工作中的一个主要沟通工具。运营者也可以充分利用微信聊天功能进行引流，将自己的微信好友和微信群成员转化为中视频账号的粉丝。

在通过微信聊天进行引流时，可以充分利用中视频平台的"发送给朋友""收藏""推荐给朋友"等功能，将中视频内容发送给微信好友和微信群成员，从而提高中视频内容的覆盖面。

2. 微信公众号引流

从某一方面来说，微信公众号就是个人、企业等主体进行信息发布，并通过运营来提升知名度和品牌形象的平台。如果想要选择一个用户基数大的平台来推广中视频内容，且希望通过长期的内容积累来构建自己的品牌，那么，微信公众号平台无疑是一个理想的传播平台。

在微信公众号上，运营者可以介绍文章和中视频账号的相关信息，从而将微信公众号上的粉丝转化为中视频账号的粉丝。

3. 微信朋友圈引流

对于运营者来说，虽然朋友圈单次传播的范围较小，但从对接收者的影响程度来看，它却具有其他一些平台无法比拟的优势，具体如下。

（1）用户黏性强，很多人每天都会去翻阅朋友圈。

（2）朋友圈好友间的关联性、互动性强、可信度高。

（3）朋友圈用户多，覆盖面广，二次传播范围大。

（4）朋友圈内转发和分享方便，易于中视频内容的传播。

那么，在朋友圈进行中视频账号推广时应该注意什么呢？在笔者看来，有3个方面是需要重点关注的，具体分析如下。

（1）在拍摄视频时，要注意开始拍摄时画面的美观性。因为推送给朋友的视频，是不能自主设置封面的，所以它显示的就是开始拍摄时的画面。当然，也可以通过视频剪辑的方式保证推送视频"封面"的美观度。

（2）在推广中视频时，要做好重要信息的文字描述。因为微信好友在观看朋友圈中的中视频时，第一眼看到的就是视频的"封面"和视频上方的文字描述，而视频"封面"能够传递的信息又比较有限。因此，许多运营者都会通过文字描述将重要的信息呈现出来，如图11-1所示。这样的设置，一来有助于让受众了解中视频内容，二来可以提高受众点击观看视频的欲望。

（3）在通过视频推广产品时，要利用好朋友圈的评论功能。如果视频上方的文字描述过长，是会被折叠起来的。因此，为完整展示信息，可以将重要信息放在评论里进行展示，如图11-2所示。这样可以让浏览朋友圈的人快速把握该条朋友圈的重点信息。

11.1.2　QQ平台：借助社群传播视频

腾讯QQ有两大引流利器，一是QQ群，二是QQ空间。接下来，笔者就来分别进行介绍。

图 11-1　做好重要信息的文字表述　　图 11-2　利用朋友圈的评论功能

1. QQ 群引流

QQ 群如果没有设置"消息免打扰"的话，群内任何人发布信息，群内其他人都会收到提示信息。因此，与朋友圈和微信订阅号不同，通过 QQ 群推广中视频账号，可以让推广信息直达受众，这样一来，受众关注账号和播放视频的可能性也就会更大。

此外，QQ 群内的用户是基于一定目标、兴趣而聚集在一起的，因此，如果运营者推广的是具有一定专业性的视频内容，那么 QQ 群无疑是非常好的推广平台。

相对于微信群需要推荐才能入群而言，QQ 群明显更易于添加和推广。目前，QQ 群分出了许多热门分类，运营者可以通过查找同类群的方式加入进去，然后再通过中视频进行推广。QQ 群推广的方法主要包括 QQ 群相册、QQ 群公告、QQ 群论坛、QQ 群共享、QQ 群动态和 QQ 群话题等。

以利用 QQ 群话题来推广中视频为例，运营者可以通过相应人群感兴趣的话题来引导 QQ 群用户的注意力。如在摄影群里，可以先提出一个摄影人士普遍感觉比较有难度的摄影场景，引导大家评论，然后再适时分享一个能解决这一摄影问题的中视频。这样的话，有兴趣的用户一定不会错过你的推荐。

目前，部分中视频平台中，不能直接将视频转发至 QQ 群。在这种情况下，如果想借助 QQ 群进行引流，还需转变一下思路。比如，可以通过在 QQ 群中分享中视频账号的主页信息，在增加中视频账号曝光率的同时，将 QQ 群成员转变为中视频账号的粉丝。

2．QQ 空间引流

QQ 空间是中视频运营者可以充分利用起来的一个好渠道。当然，运营者需要先建立一个昵称与中视频运营账号相同的 QQ 号，这样更有利于积攒人气，吸引更多用户前来关注中视频账号和观看视频。下面就为大家介绍 7 种常见的 QQ 空间引流方法，具体如下。

（1）利用 QQ 空间链接引流：利用"小视频"功能在 QQ 空间发布中视频，QQ 好友看到后就可以点击观看。

（2）利用 QQ 认证空间引流：订阅与产品相关的人气认证空间，更新动态时可以通过评论为中视频账号引流。

（3）利用 QQ 空间生日栏引流：通过"好友生日"栏提醒好友，引导好友查看你的动态信息，并在动态信息中对中视频账号进行推广。

（4）利用 QQ 空间日志引流：在日志中放入中视频账号的相关资料，可以更好地吸引用户的关注。

（5）利用 QQ 空间说说引流：将 QQ 签名同步更新至说说上，用一句有吸引力的话语激起受众的关注。

（6）利用 QQ 空间相册引流：很多人加 QQ 都会查看相册，所以，在相册中呈现中视频账号的相关信息也是一个很好的引流方法。

（7）利用 QQ 空间分享引流：利用"分享"功能分享中视频账号的相关信息，好友点击标题即可观看中视频内容。

11.1.3 微博平台：两大功能广而告之

在微博平台上，运营者可以借助微博的两大功能来实现其对中视频账号推广的目标，即"@"功能和热门话题功能。

在进行微博推广的过程中，"@"这个功能非常重要。运营者可以在博文里"@"知名人士、媒体或企业，如果他们回复了你的内容，你就能借助他们的粉丝扩大自身的影响力。若明星在博文下方评论，则博文会受到很多粉丝及微博用户的关注，那么你的中视频就会被推广出去。图 11-3 所示，为通过"@"某明星来推广中视频和产品从而吸引用户关注的案例。

图 11-3 通过"@"功能吸引用户关注

微博"热门话题"是一个制造热点信息的地方，也是聚集网民数量比较多的地方。运营者要利用好这些话题，积极发表自己的看法和感想，提高博文的阅读量，从而更好地推广自己的中视频。

11.1.4　百度平台：善用 PC 端搜索引擎

作为中国网民经常使用的搜索引擎之一，百度毫无悬念地成为互联网 PC 端强劲的流量入口。具体来说，中视频运营者借助百度推广引流时，主要可从百度百科和百度知道这两个平台切入。

1. 百度百科

百科词条是百度百科营销的主要载体，做好百科词条的编辑，对运营者来说至关重要。百科平台的词条信息有多种分类，但对于运营者引流推广而言，主要的词条形式包括 4 种，具体如下。

（1）行业百科。可以以行业领头人的姿态，参与行业词条信息的编辑，为想要了解行业信息的用户提供相关行业知识。

（2）企业百科。运营者所在企业的品牌形象可以通过百科进行表述，许多汽车品牌在这方面就做得十分成功。

（3）特色百科。特色百科涉及的领域十分广阔，如，名人可以参与自己相关词条的编辑。

（4）产品百科。产品百科是消费者了解产品信息的重要渠道，能够起到宣传产品，甚至是促进产品使用和产生消费行为等作用。

对于运营者，特别是企业号引流推广而言，相对比较合适的词条形式无疑是企业百科。例如，运营者采用企业百科的形式，多次展示企业名称和企业号名称，从而提高该企业的曝光率。

2．百度知道

百度知道在网络营销方面具有很好的信息传播和推广作用。运营者利用百度知道平台，通过问答的社交形式，可以对快速、精准地定位客户提供很大的帮助。百度知道在营销推广上具有两大优势：精准度和可信度高。这两种优势能形成口碑效应，增强网络营销推广的效果。

通过百度知道来询问或作答的用户，通常对问题涉及的产品有很大兴趣。比如，有的用户想要了解"有哪些饮料比较好喝"，部分饮料爱好者可能就会推荐自己喜欢的饮料，提问方通常也会接受推荐去试用。

百度知道是网络营销的重要方式，因为它的推广效果相对较好，能为企业带来直接的流量。基于百度知道而产生的问答营销，是一种新型的互联网互动营销方式，问答营销既能为运营者植入软性广告，同时也能通过问答来挖掘潜在用户。

例如，运营者可以通过"自问自答"（一个账号提问，另一个账号回答问题）的方式，介绍中视频账号的相关信息，让用户在看到问答之后对你的中视频账号产生兴趣，从而让账号获得更多的流量。

11.1.5　头条平台：发布视频传达信息

今日头条是一款基于用户数据挖掘技术的推荐引擎产品，同时也是中视频内容发布和变现的一个大好平台，可以为用户提供较为精准的信息内容。运营者可以在今日头条平台上发布视频为账号引流，下面介绍具体的操作方法。

步骤 1 ▶ 登录今日头条 App，❶ 点击右上角的"发布"按钮，在弹出的对话框中 ❷ 点击"发视频"按钮，如图 11-4 所示。

步骤 2 ▶ 操作完成后，进入"视频选择"界面，如图 11-5 所示，❶ 选择需要发布的视频（可以是直接宣传中视频账号的视频），❷ 点击"下一步"按钮。

图 11-4　点击"发布"按钮　　图 11-5　"视频选择"界面

步骤 3 ▶ 操作完成后，进入"编辑信息"界面。在界面中编辑相关信息，编辑完成后，点击下方的"发布"按钮，如图 11-6 所示。

步骤 4 ▶ 操作完成后，如视频发布成功，可在"创作中心"界面中看到该视频的相关信息，如图 11-7 所示。

图 11-6 "编辑信息"界面

图 11-7 视频发布成功

11.1.6 抖音平台：原创视频吸引关注

抖音作为一个用户众多的社交类视频平台，吸引了众多运营者的入驻。也正因如此，运营者如果想通过中视频进行引流，抖音一定是一个不容错过的平台。通过抖音平台引流，方法很简单，运营者只需在抖音上发布带有中视频账号信息的原创视频，便可达到为中视频宣传、推广和引流的作用。

那么，如何在抖音上发布带有中视频账号信息的原创视频呢？接下来，笔者就来介绍具体的操作步骤。

步骤 1 ▶ 登录抖音短视频 App，❶ 点击"首页"界面中的 + 按钮，如图 11-8 所示。

步骤 2 ▶ 进入"视频拍摄"界面，点击界面中的"相册"按钮，如图 11-9 所示。

图 11-8　点击 + 按钮　　　　图 11-9　点击"相册"按钮

步骤 3 ▶ 进入"所有照片"界面，可在该界面中选择上传视频或图片。以上传图片为例，只需选择需要上传的图片，点击下方的"下一步"按钮即可，如图 11-10 所示。

步骤 4 ▶ 操作完成后，将自动生成一个视频，进入"视频预览"界面，查看中视频内容，确认无误后点击下方的"下一步"按钮，如图 11-11 所示。

步骤 5 ▶ 进入中视频"发布"界面，在该界面中填写相关信息，信息填写完成后，点击下方的"发布"按钮，如图 11-12 所示。

步骤 6 ▶ 操作完成后，即可完成中视频的发布。如图 11-13 所示，为发布后的视频显示效果。

图 11-10　点击"下一步"按钮　图 11-11　点击"下一步"按钮

图 11-12　点击"发布"按钮　图 11-13　发布后的视频显示效果

11.1.7　快手平台：借助视频推广账号

快手可以说是中视频领域的先行者，而且在抖音还没发展起来之前，它可以算是中视频领域的一大霸主。即便是如今有了抖音的竞争，快手仍获得了大量忠实粉丝的支持。这样一个拥有巨大流量的平台，显然是中视频运营者引流的一大阵地。

其实，要将快手用户引流到中视频账号中也很简单，运营者可以在快手中发布与中视频账号相关的视频，吸引快手用户查看你的中视频账号。具体操作步骤如下。

步骤 1 ▶ 登录快手App，进入"发现"界面，点击界面中的 ◎ 按钮，如图 11-14 所示。

步骤 2 ▶ 进入"视频拍摄"界面，点击界面中的"相册"按钮，如图 11-15 所示。

步骤 3 ▶ 进入"最近项目"界面，❶ 选择需要上传的视频或图片，❷ 点击下方的"下一步"按钮，如图 11-16 所示。

步骤 4 ▶ 进入"中视频编辑"界面，在该界面中查看视频内容，确认无误后点击下方的"下一步"按钮，如图 11-17 所示。

步骤 5 ▶ 进入"视频发布"界面，在该界面中填写视频的相关信息，并对封面图片、所在位置等内容进行设置。相关信息填写和设置完成后，点击下方的"发布"按钮，如图 11-18 所示。

步骤 6 ▶ 操作完成后，如页面跳转至"关注"界面，并显示出刚刚发布的视频，就说明视频发布成功，如图 11-19 所示。

图 11-14　点击◎按钮

图 11-15　点击"相册"按钮

图 11-16　点击"下一步"按钮　图 11-17　点击"下一步"按钮

图 11-18　"视频发布"界面　　　图 11-19　视频发布成功

11.1.8　视频平台：借助平台发布视频

视频相比文字、图片而言，在表达上更为直观，而随着移动互联网技术的发展，手机流等因素的阻碍越来越少，视频已成为时下热门的领域。借助这股东风，爱奇艺、优酷、腾讯视频、搜狐视频等视频网站获得了飞速发展。

随着各种视频平台的崛起与发展，视频营销也随之兴起，并成为广大企业进行网络社交营销时常采用的一种方法。运营者可以借助视频营销，近距离接触自己的目标群体，将这些目标群体开发为自己的客户。

视频背后庞大的观看群体，对网络营销而言就是潜在用户群，而如何将这些视频平台的用户转化为店铺或品牌的粉丝，正是视频营销的关键。对于中视频运营者来说，比较简单、有效的视频引流方式就是在视频网站上传与品牌和产品相关的中视频。

下面，就以爱奇艺为例进行说明。爱奇艺是一个创立于 2010 年以"悦享品质"为理念的视频网站。在中视频发展如火如荼之际，爱奇艺也推出了信息流中视频产品和中视频业务，加入了中视频发展领域。

一方面，在爱奇艺 App 的众多频道中，有些频道就是以中视频为主导的，如大家喜欢的资讯、热点和搞笑等。另一方面，它专门推出了爱奇艺纳逗 App。这是一款基于个性化推荐的、以打造有趣和好玩资讯为主的视频应用软件。

针对社交属性、娱乐属性和资讯属性等方面各有优势的中视频，爱奇艺选择了它的发展方向——娱乐性。这无论是从爱奇艺 App 的搞笑、热点频道，还是从爱奇艺纳逗 App 中推荐的以好玩、有趣为主格调的中视频内容当中，都能充分体现出来这一特征。

而对于中视频运营者来说，正是因为爱奇艺在某些频道上的中视频业务偏向于中视频 App 的开发，让他们找到了借助中视频进行推广的平台和渠道。同时，爱奇艺有着庞大的用户群体和关注度，因而如果以它为平台进行中视频运营的推广，通常可以获得不错的效果。

图 11-20 所示，为某运营者在爱奇艺上发布的一条视频截图。该运营者直接在视频中展示了 B 站个人主页的相关信息，这样一来，用户只需搜索账号名称便可在 B 站中找到该账号，并观看该账号的

相关内容。而随着该视频在爱奇艺平台的推广，该 B 站账号也将持续获得流量。

图 11-20　某运营者在爱奇艺上发布的中视频

11.1.9　音频平台：占据用户碎片时间

音频内容的传播适用范围更为多样，跑步、开车甚至工作等多种场景，都能在悠闲时收听音频节目，音频相比视频来说，更能满足人们的碎片化需求。对于中视频运营者来说，利用音频平台来宣传中视频账号，是一条很好的营销思路。

音频营销是一种新兴的营销方式，它主要以音频为内容的传播载体，通过音频节目运营品牌、推广产品。随着移动互联的发展，以音频节目为主的网络电台迎来了新机遇，与之对应的音频营销也获得了进一步发展。音频营销的特点具体如下。

（1）闭屏特点。闭屏的特点能让信息更有效地传递给用户，这对品牌、产品推广营销而言更有价值。

（2）伴随特点。相比视频、文字等载体而言，音频具有独特的伴随属性，它不需要视觉上的精力，只需双耳在闲暇时收听即可。

下面，笔者就以蜻蜓 FM 为例进行说明。蜻蜓 FM 是一款强大的广播收听应用软件，用户可以通过它收听国内、海外等地区数千个广播电台，而且蜻蜓 FM 具有一些特色的功能特点，如图 11-21 所示。

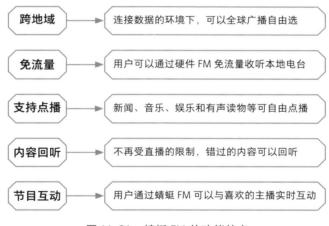

图 11-21　蜻蜓 FM 的功能特点

在蜻蜓 FM 平台上，用户可以直接通过搜索栏寻找自己喜爱的音频节目。对此，中视频运营者只需根据自身内容，选择热门关键词作为标题便可将内容传播给目标用户，并在音频的开头对中视频账号进行简单的介绍。如图 11-22 所示，笔者在蜻蜓 FM 平台搜索"视频运营"后，便出现了多个与之相关的内容。运营者如果在音

频中介绍了自己的账号，而音频内容又比较有价值，用户可能就会
去关注你的中视频账号。

图 11-22　蜻蜓 FM 平台中搜索"视频运营"

运营者可以充分利用用户碎片化需求，通过音频平台来发布产
品信息广告，音频广告的营销效果相比其他形式广告要好，向听众
群体的广告投放将更为精准。而且，音频广告的运营成本也比较低
廉，十分适合于本地中小企业长期推广。

例如，做餐饮类的中视频运营者，可以与"美食"相关的音频
节目组合作。因为这些节目通常有大批关注美食的用户收听，广告
的精准度和效果会非常好。

11.1.10　线下平台：三种方式自由选择

除了线上的各大平台外，线下平台也是中视频引流不可忽视的

渠道。目前，从线下平台为中视频引流主要有 3 种方式，本节，笔者将分别进行解读。

1. 线下拍摄引流

对于拥有实体店的运营者来说，线下拍摄是一种比较简单有效的引流方式。通常来说，线下拍摄可分为两种，一种是运营者及相关人员自行进行拍摄，另一种是邀请进店的消费者为其拍摄。

运营者及相关人员自行拍摄中视频时，能够引发路过人的好奇心，从而实现为店铺引流。中视频上传之后，如果用户对你的内容比较感兴趣，就会选择关注你的账号。

而邀请进店的消费者为你拍摄，则可以直接增加店铺的宣传渠道，能够让更多用户看到你的店铺及相关信息，从而达到为店铺和账号引流的双重目的。

2. 线下转发引流

可能单纯邀请消费者拍摄中视频的效果不是很明显，此时，运营者还可以采取另一种策略，那就是在线下的实体店进行转发有优惠的活动，让消费者将拍摄好的中视频转发至微信群、QQ 群和朋友圈等社交平台，进而提高店铺和账号的知名度。

当然，为了提高消费者转发的积极性，运营者可以根据消费者发布内容的转发数量，以及转发后的点赞数等给出不同的优惠力度。这样，消费者为了获得更大的优惠力度，自然会更卖力地进行转发，由此转发的实际效果就会更好。

3. 线下扫码引流

除线下拍摄和线下转发之外，还有一种直接增加账号粉丝数量的方法，那就是通过线下扫码，让进店的消费者或者是路人成为你中视频账号的粉丝。当然，在扫码之前，还需有码可扫。那么，如何找到并向他人展示账号二维码呢？下面，笔者就以微信视频号为例对具体的操作步骤进行说明。

步骤1 ▶ 进入微信视频号，点击个人主页界面中的 ⋯ 按钮，如图11-23所示。

步骤2 ▶ 进入"设置"界面，点击界面中的"我的二维码"一栏，如图11-24所示。

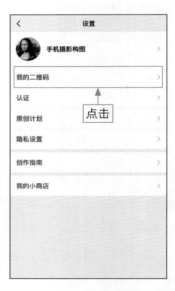

图11-23　点击⋯按钮　　　　图11-24　点击"我的二维码"

步骤3 ▶ 进入"微信视频号二维码展示"页面，如图11-25所示。

运营者可以在该页面中看到自己账号的二维码，也可以通过将该二维码展示给用户的方式，实现中视频账号的引流。

另外，运营者还可以点击微信视频号二维码展示页面中的"•••"按钮，操作完成后界面中会弹出一个列表框。运营者可以点击列表框中的"保存到相册"按钮，将微信视频号二维码保存到手机中，也可以点击"分享给朋友"按钮，将微信视频号二维码发送给微信好友或微信群成员，如图 11-26 所示。

图 11-25　微信视频号二维码展示页面　　图 11-26　点击 ••• 按钮

/ 11.2　利用站内功能引流

各大中视频平台都为用户提供了一些引流功能，运营者可以充分利用这些功能为自己的账号进行引流推广。本节，笔者就来为大家介绍 8 种中视频平台站内引流的技巧。

11.2.1　SEO 引流：实现站内内容霸屏

SEO 是 Search Engine Optimization 的英文缩写，中文译为"搜索引擎优化"。它是指通过对内容的优化获得更多流量，从而实现自身的营销目标。而说起 SEO，许多人首先想到的可能就是搜索引擎的优化，如百度平台的 SEO。

其实，SEO 不只是搜索引擎独有的运营策略，运营中视频同样可以进行 SEO 优化。比如，可以通过对中视频的内容运营实现内容霸屏，从而让相关内容获得快速传播。中视频 SEO 的关键就在于中视频关键词的选择，而中视频关键词的选择又可细分为两个方面，即关键词的确定和使用。

1. 视频关键词的确定

用好关键词的第一步就是确定合适的关键词。通常来说，关键词的确定主要有以下两种方法。

（1）根据内容确定关键词。什么是合适的关键词？笔者认为，它首先应该是与中视频定位及内容相关的。否则，用户即便看到了中视频，也会因为内容与关键词对应不上而直接滑过，而这样一来，选取的关键词也就失去了意义。

（2）通过预测选择关键词。除要根据内容确定关键词之外，还需要学会预测关键词。用户在搜索时所用的关键词可能会呈现阶段性的变化。具体来说，许多关键词都会随着时间的变化而具有不稳定的升降趋势，因此，在选取关键词之前，需要先预测用户搜索的关键词。下面，笔者就从两个方面介绍如何预测关键词。

社会热点新闻是人们关注的重点，当社会热点新闻出现后，会出现一大波新的关键词，其中搜索量高的关键词就叫热点关键词。

因此，运营者不仅要关注社会热点新闻，还要学会预测热点，抢占有利的时间预测出热点关键词，并将其应用于中视频中。下面介绍一些预测社会热点关键词的方向，如图 11-27 所示。

图 11-27　预测社会热点关键词

除此之外，即便搜索同一类物品，用户在不同时间段选取的关键词仍有可能存在一定的差异性，也就是说，用户在搜索关键词的选择上可能会呈现出一定的季节性。因此，运营者需要根据季节性，预测用户搜索时可能会选取的关键词。

值得一提的是，关键词的季节性波动比较稳定，主要体现在季节和节日两个方面。比如，用户在搜索服装类内容时，可能会直接搜索包含四季名称的关键词，即春装、夏装等；节日关键词会包含节日名称，即春节服装等。

季节性的关键词预测还是比较容易的，除了可以从季节和节日名称上进行预测，还可以从以下方面进行预测，如图 11-28 所示。

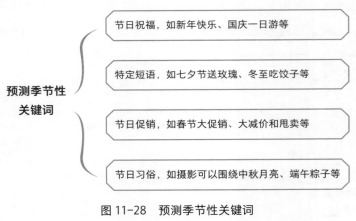

预测季节性关键词

节日祝福，如新年快乐、国庆一日游等

特定短语，如七夕节送玫瑰、冬至吃饺子等

节日促销，如春节大促销、大减价和甩卖等

节日习俗，如摄影可以围绕中秋月亮、端午粽子等

图 11-28　预测季节性关键词

2．视频关键词的使用

在添加关键词之前，可以通过查看朋友圈动态、微博热点等方式，抓取近期的高频词汇，将其作为关键词嵌入中视频中。需要特别说明的是，统计出近期出现频率较高的关键词后，还需了解关键词的来源，只有这样才能让关键词用得恰当。

除选择高频词汇之外，还可以通过在账号介绍信息和中视频文案中增加关键词使用频率的方式，让内容尽可能地与自身业务直接联系起来，从而给用户一种专业的感觉。

11.2.2　视频引流：原创内容做好推广

对有中视频制作能力的运营者来说，原创视频引流是一种不错的选择。运营者可以把制作好的原创中视频发布到中视频平台上，同时在账号简介部分进行引流，如在昵称、个人简介等处都可以留下联系方式。

注意，不要在其中直接标注"微信"两个字，可以用拼音简写、同音字或其他相关符号来代替。图 11-29 所示，为某抖音号的主页。可以看到，该账号就是通过账号简介为微信引流的。通常来说，用户原创中视频的播放量越大，曝光率越高，引流的效果也就会越好。

图 11-29　通过账号简介为中视频引流

11.2.3　直播引流：吸引用户点击关注

直播对于中视频运营者来说意义重大，一方面，可以通过直播销售产品，获得收益；另一方面，直播也是一种有效的引流方式，可以借助中视频账号进行直播，只要用户在直播过程中点击关注，便会自动成为该账号的粉丝。

如图 11-30 所示，在某个电商直播中，用户只需点击界面左上方账号名称和头像所在的位置，界面中便会弹出一个账号详情对话框。如果用户点击对话框中的"关注"按钮，原来"关注"按钮所在位置将显示"已关注"。此时，用户便通过直播关注了该直播的账号。

图 11-30　通过直播吸引用户关注账号

除此之外，用户在直播界面中还有一种更方便的关注方法，那就是直接点击直播界面左上方的"关注"按钮。

11.2.4　同框引流：与名人一起拍视频

当我们看到有趣的视频，或者看到某位知名人士发布的视频时，可以借助拍同框视频，利用原有视频或某位知名人士进行引流。所谓拍同框，就是指在一个视频的基础上再拍摄另一个视频，然后这两个视频会分别在屏幕的左右两侧同时呈现。接下来，笔者就对快手拍同框视频的具体操作步骤进行简要的说明。

步骤 1 ▶ 点击查看需要拍同框的快手视频， 点击播放页面上方的 ⌖ 按钮， 如图 11-31 所示。

步骤 2 ▶ 操作完成后，弹出"分享至"对话框，点击对话框中的"一起拍同框" 按钮， 如图 11-32 所示。

图 11-31　点击 ⌖ 按钮　　图 11-32　点击"一起拍同框"按钮

步骤 3 ▶ 进入 "视频拍摄" 界面，画面左侧会出现你拍摄的视频内容， 右侧则是原视频的画面， 如图 11-33 所示。

步骤 4 ▶ 短视频拍摄完成后， 即可发布至快手平台。 如果发布成功后视频分两个部分呈现内容，就说明拍摄同框视频操作成功，如图 11-34

所示。

图 11-33　视频拍摄界面

图 11-34　同框视频拍摄成功

11.2.5　评论引流：促进视频广泛传播

许多用户在观看中视频时，会习惯性地查看评论区的内容。再加上用户如果觉得视频内容比较有趣，还可以通过＠他人的账号，吸引其他用户前来观看该视频。因此，如果用户评论区利用得当，便可以起到不错的引流效果。

视频文案中能够呈现的内容相对有限，这就有可能出现一种情况，那就是有的内容需要进行一些补充。此时，运营者便可通过评论区的自我评论来进一步进行表达。另外，在中视频刚发布时，可能看到视频的用户不是很多，也不会有太多用户评论。如果此时运营者进行自我评论，也能从一定程度上起到提高视频评论量的作用。

除了自我评价补充信息之外，还可以通过回复评论解决用户的疑问，引导用户的情绪，从而提高产品的销量。

回复评论看似是一件再简单不过的事，实则不然。为什么这么说呢？这主要是因为在回复评论时，还有一些需要注意的事项，具体如下。

1. 第一时间回复评论

运营者应该尽可能地在第一时间回复用户的评论，这主要有两个方面的好处。一是快速回复能够让用户感觉到你对他（她）很重视，这样自然能增加用户对你和你账号的好感；二是回复评论能够从一定程度上增加中视频的热度，从而让更多用户看到你的中视频。

那么，如何做到第一时间回复用户评论呢？其中一种比较有效的方法就是，在中视频发布的一段时间内及时查看用户的评论，一旦发现有了新的评论，便在第一时间做出回复。

2. 不要重复回复评论

对于相似的问题，或者同一个问题，运营者不要重复进行回复。这主要有两个原因：一是很多运营者的评论中或多或少会有一些营销的痕迹，如果重复回复，那么用户在整个评价界面难免会看到很多带有广告痕迹的内容，而这些内容往往会让用户产生反感情绪。

二是对于相似的问题，点赞量相对较高的问题会排到评论的靠前位置，因此运营者只需对点赞量较高的问题进行回复，其他有相似问题的用户自然就能看到，而且这还能减少回复评论的工作量，为运营者节省下来大量的时间。

3. 注意规避敏感问题和词汇

对于一些敏感问题和敏感词汇，运营者在回复评论时一定要尽可能地进行规避。当然，如果避无可避也可以采取迂回战术。比如，不对敏感问题做出正面的回答，用一些其他意思相近的词汇或用谐音代替敏感词汇。

11.2.6　互推引流：互相推广实现共赢

互推就是互相推广的意思。大多数中视频账号通过运营都会获得一定量的粉丝，只是对于许多用户来说，粉丝量可能并不是很多。此时，运营者便可以通过与其他运营者的中视频账号进行互推，让更多用户看到你的账号，从而提高中视频账号的传播范围，让账号获得更多的流量。

在中视频平台中，账号互推的方法有很多，其中比较直接有效的一种互推方式就是在视频文案中互相 @，让用户看到相关视频之后，就能看到互推的账号。对于运营者来说，这是一种双赢的账号引流方法，借助互推，运营者可以将对方的一部分粉丝直接变成自己的粉丝。

图 11-35 所示，为两个运营者发布的中视频。可以看到，这两条视频就是通过使用 @ 功能来进行互推的。再加上这两个账号的

运营者是父女关系，因此，这两个账号之间具有很强的信任度，互推的频率也可以进行把握，所以这两个账号的互推获得了不错的引流效果。

图 11-35　账号互推实现引流

11.2.7　分享引流：分享视频增加受众

许多中视频平台中都有分享功能，运营者可以借助该功能，将中视频分享至对应的平台，从而达到引流的目的。那么，如何借助平台的分享功能进行引流呢？接下来，笔者就以西瓜视频为例，对具体的操作步骤进行说明。

步骤 1 ▶ 登录西瓜视频 App，进入需要转发的视频播放界面，点击

"分享" 按钮， 如图 11-36 所示。

步骤 2 ▶ 操作完成后， 在弹出的列表框中选择要分享的平台。 以分享给微信好友为例，运营者需要做的就是点击列表框中的 "微信好友" 按钮， 如图 11-37 所示。

图 11-36　点击 "分享" 按钮　　图 11-37　点击 "微信好友" 按钮

步骤 3 ▶ 操作完成后， 会显示包含视频二维码的 "图片已保存到相册"， 点击界面中的 "去分享到微信" 按钮， 如图 11-38 所示。

步骤 4 ▶ 进入微信 App， 在 "文件传输助手" 中选择需要转发的中视频， 如图 11-39 所示。

步骤 5 ▶ 进入微信聊天界面，❶点击⊕按钮，❷点击 "图片" 按钮， 如图 11-40 所示。

步骤 6 ▶ 进入 "最近项目" 界面，❶选择包含中视频二维码的图片，❷点击 "发送" 按钮， 如图 11-41 所示。

图 11-38　点击"去分享到微信"
　　　　　按钮

图 11-39　选择需转发的中视频

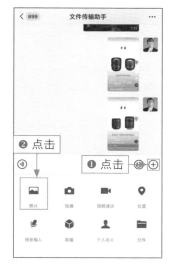

图 11-40　点击"图片"按钮

图 11-41　点击"发送"按钮

步骤 7 ▶ 返回微信聊天界面，就可以看到包含中视频二维码的图片发送成功了，如图 11-42 所示。

步骤 8 ▶ 如果微信好友对运营者分享的中视频感兴趣，可以保存包含中视频二维码的图片，并进入西瓜视频 App，点击"我的"界面中的"扫一扫"按钮，如图 11-43 所示。

图 11-42　包含中视频二维码的　　图 11-43　点击"扫一扫"
　　　　图片发送成功　　　　　　　　　按钮

步骤 9 ▶ 进入"扫描二维码"界面，点击"相册"按钮，如图 11-44 所示。

步骤 10 ▶ 进入"照片"界面，选择保存的包含中视频二维码的图片，如图 11-45 所示。

步骤 11 ▶ 操作完成后，用户即可进入中视频播放界面，观看运营者分享的中视频， 而运营者则借此获得了流量。

图 11-44　点击"相册"
按钮

图 11-45　选择保存的包含
中视频二维码的图片

11.2.8　矩阵引流：多个账号共同推广

矩阵就是通过多个账号的运营进行营销推广，从而增强营销效果，获取稳定的流量池。矩阵可分为两种，一种是个人账号矩阵，即某个运营者同时运营多个账号，组成营销矩阵；另一种是多个具有联系的运营者组成一个矩阵，共同进行账号的营销推广。

例如，某位中视频运营者就是通过多个账号来打造个人账号矩阵的，而且其每个账号都拥有一定数量的粉丝，如图 11-46 所示。

图 11-46　个人账号矩阵的打造

第 12 章

Chapter Twelve

带货话术

/

增强目标用户的购买欲

／ 12.1　带货的话术要点

　　在借助中视频带货的过程中，话术的使用非常重要。有时候，使用正确的话术能让你的中视频带货能力成倍增长。具体来说，运营者要如何使用正确的话术进行带货呢？本节，笔者就来为大家介绍中视频带货需要掌握的 6 个话术要点。

12.1.1　口头用语：拉近与用户的距离

　　口头用语就是在日常生活中经常使用的、口头化的语言。也正是因为口头用语是常用的语言，所以，当运营者在中视频中使用口头语言时，就能快速拉近与用户的距离，让用户看到相关话术之后觉得特别的亲切。

图 12-1 所示的两个中视频中，"你吃了没？""我爱了"就属于口头用语。当用户看到这类表达时，会产生一种运营者是在和自己打招呼、日常交流的感觉，而不会觉得这就是在硬性植入广告。

图 12-1　使用口头用语的话术

因此，对于这类营销视频，用户看到之后通常不容易滋生反感情绪，从而在一定程度上能够提高中视频的完播率。而中视频通过对产品的展示，则可以有效地增加用户对产品的需求。所以，使用口头用语的话术通常能在快速拉近与用户距离的同时，吸引用户关注产品，进而更好地提高中视频的带货能力。

12.1.2　巧妙植入：适当软化视频广告

虽然中视频有时不过短短十几秒，但是，用户仍会对中视频的内容印象深刻。许多用户都喜欢有一定剧情的中视频，因为这种中视频更有代入感，也更有趣味性。所以，剧情式的中视频内容所获得的流量，通常要比一般的中视频多一些。

而对于运营者来说，无论是一般的中视频文案，还是中视频带货文案，流量的获得都是关键。因为获得的流量越多，通常就越容易达到营销目标。而如果硬性植入广告，难免会让用户产生反感情绪。所以，通过剧情式中视频将产品进行巧妙的植入，也不失为一种不错的中视频带货方式。

在剧情式中视频中植入产品时，产品与剧情的融合度至关重要。如果植入的产品与剧情本身风马牛不相及，用户在看到植入之后，可能还是会觉得植入过硬。因此，在通过剧情式中视频带货时，还要根据植入的产品来设计合理的剧情。

图 12-2 所示的中视频中，主要的剧情是制作豆乳奶茶，而要将豆子榨成汁就需要用到豆浆机。所以，运营者很自然地使用要销售的豆浆机进行了榨汁操作，并顺带对该款榨汁机进行了简单的介绍。由于用户会觉得使用榨汁机进行操作本来就是必要的步骤，因而在中视频中植入该榨汁机也就不容易让用户感到反感。

可能有的运营者会觉得根据产品来设计专门的剧情，不仅麻烦，而且还不一定能获得预期的效果。在笔者看来，很多事情做了虽然不一定能看到预期的效果，但不做就一定看不到预期的效果。更何况，根据产品设计剧情打造的中视频对用户更具有吸引力。即使这样做难以在短期内提高产品的销量，但是产品被更多用户看到了，从长期来看对于提高产品的销量也是有所助益的。

图 12-2　让植入的产品与剧情更好地融合

12.1.3　使用金句：借用大咖带货话术

各行各业都会有一些知名度比较高的大咖，大咖之所以能成为大咖，就是因为其在行业中具有比较专业的素质，同时还取得了傲人的成绩。在带货领域也有一些做出斐然成绩的人，他们之所以能成功，就在于他们懂得通过话术引导用户购买产品，甚至于有的带货主播还形成了自己的特色营销话术。

以某知名主播为例，他在直播过程中就有许多属于自己的特色营销话术，或者说是金句，其中之一就是用"买它"来引导用户购买产品。

其实，同样是带货，既然该主播可以用某话术引导用户购买产品，那么普通运营者使用该话术同样也是可以起到带货作用的。因此，当运营者看到一些大咖的营销金句时，不妨也借过来试用一下，看看效果。

图 12-3 所示，为某带货中视频的画面。可以看到，该中视频就借用了某知名主播的金句——"买它"，而且这个中视频的点赞、评论和转发量都还是比较可观的。由此可以看出，借用金句确实是能够起到引导用户关注，带动产品销量的作用的。

图 12-3　借用金句的中视频

12.1.4　介绍福利：强调产品价格优势

很多时候，价格都是用户购买一件产品时重点考虑的因素之一。这一点很好理解，毕竟谁都不想在购买产品时花冤枉钱。通常来说，同样品质的产品，价格越低越会让用户觉得划得来。这也是许多人在购买产品时不惜花费大量时间去"货比三家"的重要原因。

基于这一点，运营者在通过中视频带货时，就可以借助一定的话术提及福利，适当地强调产品的价格优势和优惠力度，这样用户就会觉得产品的价格比较优惠，其对产品的购买需求自然也会有所提高。

图 12-4 所示的中视频，就是通过对产品福利价格的展示，让用户看到了产品在价格上的优惠力度。

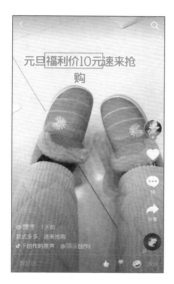

图 12-4　让用户看到产品的优惠力度

12.1.5　亲身试用：增强用户的信任感

俗话说得好：耳听为虚，眼见为实。只有亲眼看到的东西，人们才会相信。其实，在产品购买的过程中也是如此，如果运营者只是一味地说产品如何如何好，但却不展示产品实际的使用效果，那么用户可能就会觉得你只是在自卖自夸，这就很难激发用户产生购买行为。

针对这一点，运营者在制作中视频时，可以通过亲身试用产品，让用户看到产品的使用效果，并配备相应的话术来进行说明。这样，用户在看到你的带货中视频时，就会觉得比较直观、可信。

因此，在条件允许的情况下，笔者还是建议大家尽可能在中视频中将亲身试用产品的效果进行展示。其实，亲身试用操作起来很简单，如果销售的是服装，只需展示穿上服装后的效果即可，如图 12-5 所示；如果销售的是化妆品，如口红，那么只需将口红涂抹在嘴唇上的效果展示出来即可，如图 12-6 所示。

图 12-5　亲身试穿服装

图 12-6　亲身试用口红

亲身试用对于接触皮肤和食用型的产品尤其重要，因为用户对于这些产品使用是否安全会特别关注。如果运营者不在中视频中展示亲身试用的效果，那么部分用户就会觉得你销售的产品可能使用之后会造成什么问题，这样一来，用户自然也就不会轻易下单购买产品。

12.1.6　对比产品：突出自身主要优势

有一句话说得好：没有对比，就没有差距。如果运营者能够将同款产品（或者相同功效的产品）进行对比，那么用户就能直观地把握产品之间的差距，更好地看到你的产品优势。

　　当然，有的运营者可能觉得将自己的产品和他人的产品进行对比，有踩低他人产品的意味，担心可能会得罪人。针对这类人群，可以转换一下思路，将自己的新款产品和旧款进行对比，这不仅可以让新款和旧款都能得到展示，而且只要话术使用得当，新款和旧款产品的优势都可以得到显现。

　　图 12-7 所示的中视频，就是将同品牌的新款与旧款卸妆水进行对比，来凸显新款产品的优势的。本来这个品牌的卸妆水质量就比较好，也获得了一大批忠实的用户，而通过中视频中的对比，用户就会觉得新款更好用。这样一来，用户对于该新款卸妆水的购买欲望自然就会提高。

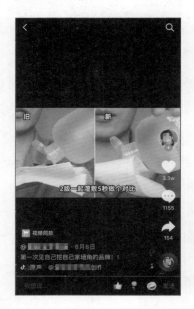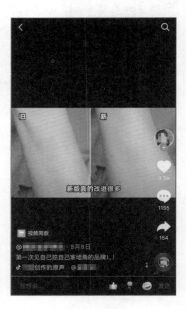

图 12-7　通过对比新旧款产品展现新产品的优势

/ 12.2　赢得信任的文案话术

谁都不会购买自己不信任的产品，所以如果想要让用户购买你的产品，那就必须先赢得用户的信任。赢得用户信任的方法有很多，其中比较直接有效的一种方法就是借助话术写出优质的带货文案。

那么，怎样才能写出好的带货文案呢？笔者认为，运营者可以从以下 6 个方面进行重点突破。

12.2.1　树立权威：塑造自身专业形象

有的用户在购买产品时，会对运营者自身的专业性进行评估，如果运营者自身的专业度不够，那么用户就会对其推荐的产品质量产生怀疑。

所以，在中视频账号的运营过程中，运营者还需要在中视频文案中通过话术来树立权威，塑造自身的专业形象，增强用户对自身的信任感。这一点对于专业性比较强的产品领域来说，显得尤为重要。

例如，摄影就是一个很讲求专业性的领域，如果摄影类中视频运营者不能分享专业性的知识，那就无法获得用户的信任，也就更不用说通过中视频销售摄影类产品了。

也正因如此，许多摄影类中视频运营者都会通过中视频文案来凸显自身的专业性。图 12-8 所示，为某摄影类中视频运营者发布的一条中视频，可以看到，该视频就是通过文案对摄影圈的"行话"

进行说明，来凸显自身专业性的。

图 12-8　通过文案凸显自身专业性

因为运营者在这个中视频中对许多用户不了解的摄影圈"行话"进行了具体解释，所以用户看到该中视频文案之后，会觉得该运营者在摄影方面非常专业。在这种情况下，用户看到该运营者推荐的产品时，就会觉得这些产品是运营者凭借专业眼光挑选的，因此，用户对于中视频中销售的摄影产品自然就会多了一份信任感。

12.2.2　事实说话：力证产品使用效果

有一句话说得好：事实胜于雄辩。说得再多，也没有直接摆出事实更具有说服力。运营者与其将产品夸得天花乱坠，还不如直接摆出事实，让用户看到产品使用后的真实效果。

图 12-9 所示，为一个销售大码女装类的中视频。该中视频的运营者并没有对自己的大码服装进行太多的夸耀，而是直接将穿其他服装的效果和穿上大码服装后的效果进行了对比，用事实来力证其大码服装的遮肉效果。

图 12-9　通过事实力证产品使用效果

因为有事实的力证，用户通过该中视频可以很直观地看到该大码服装的上身效果，再加上衣服上身效果也确实比较好，因此，部分身材有些肥胖的女性在看到该中视频文案时，就会觉得中视频中的大码服装很值得一试。

12.2.3　打造口碑：将顾客变成宣传员

从用户的角度来看，中视频的运营者毕竟是需要通过销售产品来变现的，所以，如果只是运营者说产品各种好，用户通常是不会轻易相信的。对此，运营者在制作中视频文案时，可以通过适当借力顾客来打造产品和店铺的口碑。

借力顾客打造口碑的方法有很多，既可以展示顾客对店铺或产品的好评或肯定评价，也可以展示店铺的销量或店铺门前排队的人群，让用户看到。图 12-10 所示的中视频中，就是通过话术将顾客对产品的肯定评价表达出来，来打造产品口碑的。

图 12-10　通过顾客对产品的肯定评价来打造产品口碑

借力顾客打造产品口碑，对于实体店运营者来说尤其重要，因为一些实体店经营的产品是无法通过网上发货的。而借力顾客打造产品口碑，则会让附近看到店铺相关中视频的用户，对店铺及店铺中的产品多一分兴趣，这样一来，店铺运营者便可以将附近的用户直接转化为顾客。

12.2.4　消除疑虑：积极解答用户疑问

如果用户对你销售的产品品质存有疑虑，那么用户通常是不会购买产品的。而运营者通过中视频平台销售产品时，用户是无法直接体验产品的，所以心中难免会对产品质量有所疑虑。因此，在制作中视频带货文案时，运营者还需要通过话术解答用户的疑虑，让用户放心购买你的产品。

图 12-11 所示的中视频文案中，运营者表示自己销售的笔"想要什么都可以画出来"，看到这里，许多用户心中大都会产生疑虑，想要了解这笔是不是真的什么都能画呢？

为了验证这一点，运营者在中视频中展示了用笔描绘人物的过程。看完之后，许多用户心中的疑问便得到了解答。

有些用户有过失败的网购经验，所以，他们对于网上销售的产品会有一些不信任感。运营者如果要获得这些用户的信任，就要消除用户的疑虑，让用户对你的产品产生信任。

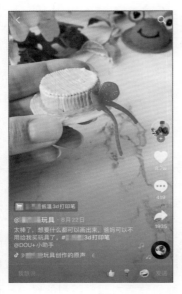

图 12-11　通过文案消除用户的疑虑

12.2.5　扬长避短：重点展示产品优势

无论是哪种产品，都会既有缺点也有优点，这本来就是一件很自然的事。但是，有的用户会过于在意产品的不足，如果看到产品有不如意的地方，就会失去购买兴趣。

为了充分挖掘这部分用户的购买力，运营者在展示产品时，需要选择性地对产品的优点进行呈现。具体来说，就是要尽可能地扬长避短，重点展示产品的优势。

图 12-12 所示的中视频中，运营者在展示产品时重点对"无添加""出门携带方便""开袋即食"等优点进行了说明。正是因为

该产品优势众多，所以对于这一类产品有需求的用户在看到该中视频文案之后就会很容易产生心动。

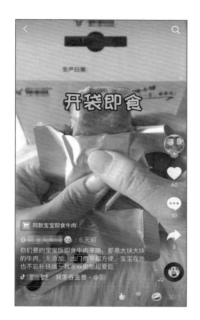

图 12-12　重点展示产品的优势

　　同样还是中视频中的产品，如果运营者将产品的缺点说出来，如"保质期短，收到后应尽快食用""与直接买牛肉相比，性价比不是很高"，试想一下，如此一来，还会有多少用户愿意购买这款产品呢？

　　部分运营者可能会觉得扬长避短，重点展示产品的优势，是在刻意隐瞒产品信息然而谁不希望将自己好的一面展现给他人，既然人可以刻意扬长避短，那为什么产品不可以呢？而且这也不是刻意隐瞒,而是选择对自己有利的信息进行重点展示。

12.2.6　缺点转化:通过不足凸显优势

正所谓"金无足赤,人无完人"。世上没有十全十美的事物,产品也是如此,无论是什么产品,总会有一些缺点和不足。有缺点和不足并不可怕,可怕的是缺点和不足被无限放大而成为产品的致命弱点。

其实有时候只要处理得当,缺点和不足也能转化为凸显产品优势的一种助力,关键在于要找到一种合适的转化方式,让用户通过产品的缺点和不足,看到产品的其他优势。

进行产品缺点转化的方式有很多,其中一种比较有效的方法,就是通过一定的话术表达产品的缺点和不足只有一个,然后将产品的一个显著但又不影响品质的缺点进行说明。这样用户在看到中视频之后,就会觉得产品只有一个缺点,其他的都是优点,在这种情况下,用户对产品的好感度便会得到有效提升。

图 12-13 所示的中视频中,运营者直接在视频中表示:"我们的皮蛋缺点只有一个,那就是有点 GUI(贵)。"本来许多人在购买食品时更注重的是食用的安全性,至于价格因素的重要性相对来说就不是那么重要了。因此用户就会觉得视频中的皮蛋虽然有点贵,但是食用的安全性是有保障的,可以放心购买。而且虽然这种皮蛋比一般的皮蛋要稍贵一些,但毕竟也没有贵很多,大部分用户对其价格还是能够接受的。因此,许多用户在看完中视频之后,反而会

觉得视频中的皮蛋更值得购买。

图 12-13　通过缺点转化凸显产品优势

/12.3　强化用户记忆的话术

　　对于运营者来说，可能有时候通过一条中视频就让用户购买你的产品是有一定难度的。但是却可以通过中视频强化用户认知，让用户记住你的产品。这样，用户一旦有购买需求时，很自然地就会想到你的产品。

12.3.1 集中优势：放大产品的卖点

每种产品都有许多优点，如果将产品的所有优点都罗列出来，会让用户难以把握住重点。在笔者看来，与其花费心力挖掘和展示产品的各种优点，还不如集中并放大产品的主要卖点，进行重点突破。

图 12-14 所示，为一个关于录音笔的营销类中视频。看完这个中视频之后，大部分用户都会对视频中的录音笔留下深刻的印象。因为这条视频重点对"该录音笔可一键将语音转化为可复制的文本"这个主要卖点，进行了多个角度的展示。

图 12-14　集中展示录音笔的"一键转化为文本"功能

集中并放大产品卖点，对于拥有某个突出卖点的产品来说非常实用。通过该方式，能够强化产品的主要卖点，让用户快速把握住产品的卖点。

图 12-15 所示，为一个关于折叠垃圾桶的中视频。与一般垃圾桶相比，这种垃圾桶主要的卖点就是可以折叠起来，摆放和使用非常便利。因此，运营者便围绕该卖点打造中视频文案，让用户看完视频之后就能直观地把握住卖点。

图 12-15　集中展示折叠垃圾桶的便利性

12.3.2　帮助理解：让用户了解产品

通常来说，用户在购买一件产品时，都会首先判断这件产品对自己是否有用处，如果产品对自己没有用处，那么肯定是不会购买的。另外，如果对产品的了解不够，不知道产品对自己是否有用，许多用户可能也不会轻易下单。

因此，如果想让用户购买你的产品，就需要通过中视频让用户快速了解产品。这样，用户才好根据自己的理解判断产品是否对自己用处，而不至于因为对产品不理解，怕踩坑而直接放弃购买产品。

如果运营者要销售的是一种新产品（此前市场上没有类似的产品）或具有新功能的产品，那么通过中视频展示产品让用户快速了解产品，就显得非常重要而且必要。

图 12-16 所示的中视频中展示的是 AR 地球仪。看到"AR 地球仪"这个名词，许多用户可能难以理解。什么是 AR 地球仪？它与一般的地球仪有什么不同？为了帮助用户快速了解产品，运营者通过视频对 AR 地球仪的使用方法进行了展示——随便用手机扫一下，便可以查看恐龙和天气预报。这样一来，用户就能很好地把握 AR 地球仪这种新产品的性能。

除新出现的产品和拥有新功能的产品之外，一些以某些功能或特性为卖点的产品，也可以通过中视频的展示让用户了解产品的功能和特性。因为很多用户都信奉"眼见为实"，只有看到视频中的产品展示，他们才会理解并相信你的产品确实拥有某些功能或特性。

图 12-16　通过展示使用场景让用户了解新产品

　　图 12-17 所示的是一个展示不粘锅的中视频。不粘锅，顾名思义，就是使用该锅烹制食品时，食品不会粘在锅上。那么中视频中的锅是不是真的不粘锅呢？许多用户对此是有所怀疑的。

　　而运营者也明白用户心中所想，所以在视频中特意展示了煎鸡蛋的全过程。用户看完视频之后，看到锅上面真的没有粘上鸡蛋，对于该锅的不粘特性自然也就了解并相信了。

图 12-17　通过展示让用户了解并相信产品的特性

12.3.3　简单易记：让用户记住产品

要让用户记住一种产品通常有两种方法：一种是通过产品的展示，让产品在用户心中留下深刻的印象；另一种是通过文案营销，用简单易记的文案宣传产品，从而借助文案让用户记住产品。这也是许多品牌不惜花费大量成本做广告宣传的重要原因。

对于中视频运营者来说，要制作一个视频文案可能算不上一件难事，但要制作一个有记忆点的中视频文案却不是一件容易的事。那么，如何让你的中视频文案更加简单易记呢？在这里，笔者重点给大家提供两种解决方案。

一种是通过话术进行趣味性的表达，让用户在会心一笑之余，对视频文案及视频中的产品留下深刻印象。

图 12-18 所示的中视频中展示的是一种儿童玩具，运营者给中视频配的标题中显示："趁我儿子还在睡觉，偷偷玩会他的玩具。"这个标题能让用户感受到运营者趣味性表达的同时，也能感受到这种玩具对大人也有一定的诱惑力。因此，在看到标题和视频之后，用户很快就留下了印象，并记住了视频中的产品。

图 12-18　用趣味性文案让用户记住产品

另一种是通过说明性的文字，对产品的主要功能和特性进行形象的说明，旨在让用户可以通过文案直观把握产品的功能和特性。

图 12-19 所示，为某新款手机的营销中视频。可以看到，该视

频就是通过文案对"120W 秒充,23 分钟充满电"这一产品特性进行展示和说明,从而让用户一下子就记住了该手机充电快的特征。

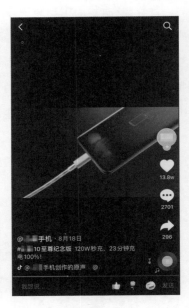

图 12-19　用说明型文案让用户记住产品

以上,笔者对两种简单易记的中视频文案制作技巧进行了说明,在实际操作时,可执行的方案还有很多,运营者只需结合自身情况,选择适合的方式在中视频文案中给用户制造记忆点即可。

第 13 章

Chapter Thirteen

变现方法

达成年赚上百万的目标

◀))) **学前提示**

　　为什么要做中视频运营？太多人的回答正是借助中视频运营赚到一桶金。确实，中视频是一个潜力巨大的市场，但它同时也是一个竞争激烈的市场。所以运营者要想通过中视频进行变现，甚至于轻松年赚上百万，就得掌握一定的变现方法。

⁇ **要点展示**

　　/　通过销售获得收益
　　/　将流量转化为收益
　　/　借助其他方式变现

/13.1　通过销售获得收益

　　大部分运营者运营中视频账号，除了想要分享自己的生活和观点外，还希望能够获得一定的收益。而中视频账号直观、有效的变现方式无疑是销售产品或提供服务变现。借助于中视频平台销售产品或提供服务，只要有销量，就能获得收入。具体来说，用产品或服务变现主要有 8 种形式，本节笔者将分别进行解读。

13.1.1　视频卖货：借助视频推销产品

　　对于运营者来说，直接通过视频卖货来推销产品，无疑是一种十分便利、有效的变现方式。以微信视频号为例，运营者可以通过中视频介绍产品，引起用户的兴趣，然后在视频下方插入介绍产品或购买链接的公众号文章，而用户在看到视频之后通过如下步骤购买产品，运营者便可以获得收益。

步骤 1▶ 找到卖货的视频，点击视频下方的微信公众号链接，如图 13-1 所示。

步骤 2▶ 操作完成后，即可进入对应的公众号界面，长按识别公众号中的二维码，如图 13-2 所示。

图 13-1　点击微信公众号链接

图 13-2　长按识别公众号二维码

步骤 3▶ 执行上述操作后，界面中会弹出一个列表框，选择列表框中的"识别图中二维码"选项，如图 13-3 所示。

步骤 4▶ 操作完成后，进入产品详情界面，如图 13-4 所示。用户只需点击"券后×××发起拼单"按钮，便可下单购买中视频账号中的产品。而用户下单之后，中视频账号运营者便可通过产品销售获得收益。

 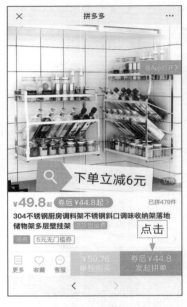

图 13-3 选择"识别图中二维码" 选项　　　图 13-4 点击"券后 ××× 发起 拼单"按钮

13.1.2 电商卖货：放置链接引导购买

部分中视频运营者可能开发了自己的 App、小程序，或者在电商平台上开设了自己的店铺。那么，对于这部分运营者来说，可以在发布的中视频账号内容中展示产品，并让用户前往电商平台购买产品。只要用户购买了产品，运营者便可借此获得一定收益。

以微信视频号为例。运营者可以将对应电商平台中的产品链接放置于视频下方，而用户在看到这一类中视频账号的产品信息时，则可通过如下步骤进入电商平台购买该产品。

步骤 1 ▶ 找到展示产品的中视频，点击视频下方的微信公众号文章链接，如图 13-5 所示。

步骤 2 ▶ 进入对应的微信公众号文章界面，点击对应产品下方的"点击这里购买此商品"按钮，如图 13-6 所示。

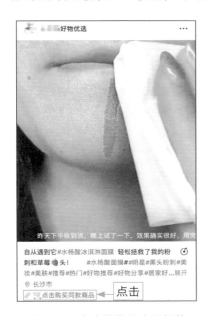

图 13-5　点击微信公众号链接　　　　图 13-6　选择需要购买的产品

步骤 3 ▶ 进入微信小程序的产品详情界面，点击下方的"立即购买"按钮，如图 13-7 所示。

步骤 4 ▶ 进入微信小程序的结算界面，在该界面中填写相关信息，点击"微信支付"按钮，便可完成下单，如图 13-8 所示。用户下单之后，运营者便可通过对应产品的销售获得收益。

图 13-7　点击"立即购买"按钮

图 13-8　点击"微信支付"按钮

13.1.3　微商卖货：与用户建立起信任

　　微商卖货的重要一步就在于，与用户建立信任并将用户引导至微信等社交软件。这一点很容易做到，运营者可以在账号简介中展示微信等联系方式，吸引用户添加，如图 13-9 所示。

　　将用户引导至社交软件后，接下来便可通过将微店产品链接分享至朋友圈等形式，对产品进行宣传，如图 13-10 所示。只要用户点击链接购买产品，微商便可直接赚取收益。

图 13-9　在账号简介中展示联系方式

图 13-10　微信朋友圈宣传产品

13.1.4　分销产品：帮人卖货赚取佣金

如今，分销变现的方式日益成为中视频运营者的新宠，因为并不是每一位运营者都会有自己的店铺或产品。对于运营者尤其是没有店铺或产品的运营者来说，分销就是很好的、很稳定的变现方式。

当然，在添加产品时，运营者可以事先查看每单获得的佣金收益。以抖音为例。运营者可以在添加产品时直接搜索产品名称，查看相关产品每单可获得的收益。如果想要提高每单可获得的收益，还可以点击"佣金率"按钮，让产品按照获取佣金的比例进行排列，如图 13-11 所示。

图 13-11　添加产品时查看每单的收益

将产品链接添加至视频之后，只要用户点击链接购买产品，运营者便可赚取到对应的佣金。

13.1.5　有偿服务：提供有价值的信息

运营者可以通过给用户提供服务来获取收益，其服务转化也有很多模式。如图 13-12 所示，某微信视频号运营者在发布的视频下方插入了附近楼盘的房源信息，为想要租房和买房的用户提供房产服务，用户只需点击链接，便可进入微信公众号了解具体的房源信息。

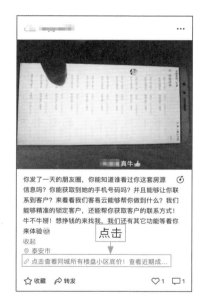

图 13-12　在微信视频号上发布房源信息

这种账号一般都是房屋租赁公司在运营，他们将房源发布在微信视频号上，然后再通过公众号链接将用户引导至公众号中，让用户在公众号中更全面地了解房屋信息，从而将房屋租出去或者卖出去。

当然，服务的版块还有很多，除租房卖房外，还包括招聘、相亲和家教等，运营者可根据自己的账号定位来选择向用户提供的服务类型。

13.1.6　销售课程：招收学员赚取学费

部分自媒体和培训机构可能自身无法为消费者提供实体类产品。那么，是不是对于他们来说，中视频平台的主要价值就是积累粉丝进行自我宣传呢？

很显然，中视频平台的价值远不止如此，只要自媒体和培训机构拥有足够多的干货内容，同样是能够通过中视频运营来获取收益的。比如，运营者可以在中视频平台通过开设课程招收学员的方式，借助课程费用赚取收益。

以微信视频号为例。运营者可以通过两种方式销售课程获得收益，一种是在发布的中视频账号信息中展示包含课程链接的二维码，用户扫码后便可查看和购买课程；另一种是在视频中插入微信公众号文章链接，然后在该文章中添加课程链接，用户点击课程链接，便可查看和购买课程。

以第二种销售课程的方法为例，用户只要通过如下步骤购买课程，运营者便可借此获得收益。

步骤 1 ▶ 找到对应的中视频账号内容， 点击视频下方的微信公众号文章链接， 如图 13-13 所示。

步骤 2 ▶ 进入对应的微信公众号文章界面， 点击其中的课程链接， 如图 13-14 所示。

图 13-13　点击微信公众号链接

图 13-14　点击课程链接

步骤 3 ▶ 操作完成后， 弹出 "即将打开新的页面" 对话框，点击对话框中的 "允许" 按钮， 如图 13-15 所示。

步骤 4 ▶ 操作完成后， 即可进入 "课程详情" 界面。 用户可在该界面中了解课程相关信息， 如果确定要购买该课程， 可点击界面下方的 "订阅专栏" 按钮，如图 13-16 所示。 只要用户支付对应的订阅金额， 运营者便可获得相应的收益。

图 13-15　点击"允许"按钮

图 13-16　点击"订阅专栏"按钮

13.1.7　出版图书：销量越高收益越多

图书出版，主要是指运营者在某一领域或行业经过一段时间的经营，拥有一定的影响力或者一定经验之后，将自己的经验总结后进行图书出版，以此获得收益的盈利模式。采用出版图书这种变现方式去获得盈利，只要运营者编写的图书质量过硬，并且粉丝也具备一定的购买力，那么收益还是很可观的。

图书出版之后，运营者还可以通过一些方法提高图书的销量。例如，可以在账号简介中列出自己编写的图书，如图 13-17 所示。除此之外，还可以在发布的中视频中介绍并添加图书的购买链接。

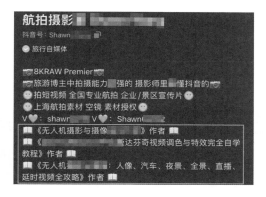

图 13-17　在账号简介中列出编写的图书

　　另外，当你的图书作品火爆后，还可以通过售卖版权的方式来变现，如小说等类别的图书版权可以用来拍摄电影、电视剧或者网剧等，这种收入是相当可观的。

13.1.8　线下卖货：将用户引导至店铺

　　如果运营者拥有自己的线下店铺，或者跟线下企业有合作，那么建议大家在发布视频时进行店铺定位。这样，只要用户点击定位链接，便可查看店铺的具体信息，以及其他用户上传的与该地址相关的所有视频。

　　另外，在抖音中，运营者上传视频之后，附近的用户还可在同城版块中看到你的视频，再加上视频定位的指引，便可有效地将附近的用户引导至线下实体店。具体来说，用户可以在同城版块中通过如下操作，来了解线下实体店的相关信息。

步骤 1 ▶ 登录抖音短视频 App，点击"推荐"界面中的"同城"按钮

（会根据用户所在位置变化，因为笔者编写本书时身处于长沙市岳麓区，所以这里显示的是"岳麓"），如图 13-18 所示。

步骤 2 ▶ 进入同城版块，在该版块中可以看到同城的直播和短视频，点击对应视频，如图 13-19 所示。

图 13-18　点击"岳麓"按钮

图 13-19　点击对应的视频

步骤 3 ▶ 进入"视频播放"界面，点击 ◉ 图标对应的位置，如图 13-20 所示。

步骤 4 ▶ 操作完成后，便可查看该店铺的相关信息，如图 13-21 所示。之外，用户还可直接点击界面中的定位，借助导航功能直接去线下实体店打卡。

　　运营者可以通过店铺信息展示界面，与附近用户构建起沟通的桥梁，从而有效地为线下门店引流，提升门店的线下转化率。

图 13-20　点击 📍 图标对应的位置　图 13-21　查看店铺的相关信息

　　除此之外，运营者还可将定位和话题挑战赛进行组合营销，通过吸引感兴趣的用户参与，让线下店铺或景点得到曝光。例如，某景点是一个非常好玩的地方，许多当地的人都会将其作为节假日的重点游玩选项，基于用户的这个"兴趣点"，运营者就可以在中视频平台上发起话题挑战，许多在该地游玩的用户会发布一些带有景点定位的视频。这种方法不仅能够吸引用户前来景区打卡，而且还能有效提升周边商家的线下转化率。

/ 13.2　将流量变为收益

　　中视频平台拥有巨大的流量，对于运营者来说，将吸引过来的流量进行变现，挖掘流量的"钱力"，的确不失为一种不错的生财之道。

流量变现的关键在于吸引用户观看你发布的中视频内容，然后通过内容引导用户，从而达成自身的变现目的。一般来说，流量变现主要分为 3 种方式，本节，笔者将分别进行解读。

13.2.1　平台导粉：搭建用户沟通桥梁

部分运营者可能同时在经营多个线上平台，而且中视频平台还不是主要的销售平台。对于这一部分运营者来说，通过一定的方法将用户（即流量）引导至特定的其他平台，让用户在目标平台中发挥力量就显得非常关键。

一般来说，在中视频平台中可以通过两种方式将用户引导至其他平台，一是通过链接引导，二是通过文字、语音等形式进行引导。

通过链接导粉，比较常见的方式就是在视频或直播中将销售的产品插入其他平台的链接，此时，用户只需按照提示点击产品链接和购买渠道链接，便可进入目标平台，如图 13-22 所示。

而当用户进入目标平台后，运营者就可以通过一定的方法，如发放平台优惠券，将用户变为目标平台的粉丝，让用户在该平台上持续贡献购买力。

通过文字、语音等形式进行引导的常见方式就是在视频、直播中，简要地对相关内容进行展示，然后通过文字、语音将对具体内容感兴趣的用户引导至目标平台。

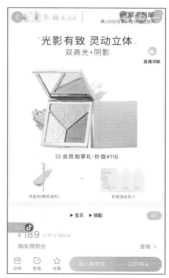

图 13-22　点击链接进入目标平台

13.2.2   社群运营：聚集用户寻找商机

运营者可以在中视频中留下自己的微信号、QQ 号等联系方式，随着知名度和影响力的提升，通过微信号、QQ 号添加你的好友也会不断增加。

我们可以充分利用这些人群，从中寻找商机。比如，这些来自中视频平台的人群，都有具体的需求，有的人是想学习账号如何运营，有的人是想学习如何做营销，有的人是想学习某种技能。对此，我们可以根据人群的具体需求进行分类，然后将具有相同需求的人群拉进同一个微信群或 QQ 群，构建社群，并通过社群的运营寻找更多商机。

除此之外，如果运营者能在社群中提供足够有价值的内容，还可以向用户收取一定的进群费，让自己先赚上一笔。

某位中视频账号运营者就是这么做的，该视频号运营者在发布的中视频账号内容中插入了一个"欢迎加入干货群"的链接，如图 13-23 所示。

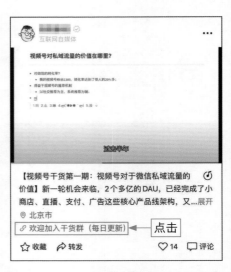

图 13-23　在中视频账号中插入社群链接

用户点击该链接之后，便可进入对应的微信公众号文章。该运营者在其微信公众号文章中对该社群的相关信息进行了展示，并明确告诉用户进群需要支付 66.6 元。这样一来，只要用户付费加入社群，该运营者便可以直接赚取收益，如图 13-24 所示。

图 13-24　在微信公众号文章中展示社群信息

13.2.3　账号转让：直接出售你的账号

在生活中，无论是线上还是线下，诸如店铺等的转让都是有转让费存在的。同样，账号转让也是需要接收者向转让者支付一定费用的，于是账号转让也成为了人们获利变现的方式之一。对于需要转让账号的运营者来说，通过账号转让进行变现虽然可能有些无奈，但也不失为一种有效的变现方式。

如今，互联网上关于账号转让的信息非常多，在这些信息中，有意向的账号转让者一定要慎重对待，不能轻信，且一定要到比较正规的网站上进行操作，否则很容易受骗上当。

例如，鱼爪新媒平台便提供了多个平台账号的转让服务。下面介绍具体的操作方法。

步骤 1 ▶ 登录 B 站账号交易界面，点击界面中的"我要出售"按钮，如图 13-25 所示。

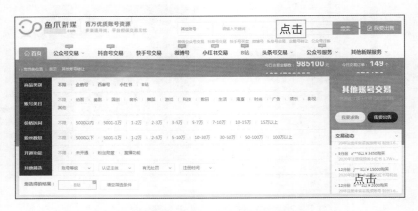

图 13-25　点击"我要出售"按钮

步骤 2 ▶ 操作完成后，进入"我要出售"界面，在界面中❶填写相关信息，❷点击"确认发布"按钮，即可发布账号转让信息，如图 13-26 所示。

转让信息发布之后，只要账号售出，运营者便可以实现账号转让变现。当然，在采取这种变现方式之前，运营者一定要考虑清楚。因为账号转让相当于是将账号直接卖掉，一旦交易达成，运营者将失去账号的所有权。如果不是专门做账号转让的运营者，或不是急切需要进行变现的，笔者不建议采用这种变现方式。

图 13-26　点击"确认发布"按钮

/13.3　借助其他方式变现

除以上介绍的这些变现方式外，运营者还可以采用其他方式进行变现，例如，进行品牌代言、IP 增值和视频创作。

13.3.1　品牌代言：拍摄广告获得收益

当中视频运营者的账号积累了大量粉丝，账号成为一个知名度比较高的 IP 之后，可能就会被许多品牌邀请做广告代言。此时，运营者便可借助赚取广告费的方式进行 IP 变现。

其实，通过广告代言变现的 IP 还是比较多的，它们的共同特点就是粉丝数量多、知名度高。正因为如此，所以账号的运营者或出镜者会成功接到许多广告代言，其中不乏一些知名品牌的代言。而借助这些广告代言，运营者和出镜者及其团队自然就可获得可观的收益。

13.3.2　IP增值：自我充电提升价值

当中视频账号具有一定的知名度之后，运营者可以把账号做成个人IP，并通过自我充电向娱乐圈发展，如拍电影电视剧、上综艺节目以及当歌手等，实现IP的增值，从而更好地进行变现。

例如，某位颜值和美妙歌喉兼具的主播发布了大量歌唱类视频，同时也进行了多次以音乐为主题的直播。目前，该主播已成为千万级粉丝的大IP，粉丝数量也超过了3000万。

正是因为该主播拥有巨大的流量，所以其不仅被许多音乐人看中，推出了众多量身定制的单曲，而且还获得了不少电视节目的邀请。该主播进入娱乐圈之后，IP出现了快速升值，不仅出场费达到了一线艺人的水平，甚至于其演唱会的票价还超过了许多知名的歌手。

13.3.3　创作收益：发布内容直接获益

在部分中视频平台中，运营者是可以直接通过发布视频来获得收益的。例如，在西瓜视频平台中，运营者可以通过发布中视频获得视频创作收益、视频赞赏收益和付费专栏收益。

视频创作收益就是指发布中视频并声明原创后，从而获得平台给出的创作收益。图13-27所示，为西瓜视频平台的"视频创作收益"说明。

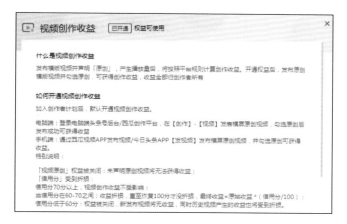

图 13-27　西瓜视频平台的"视频创作收益"说明

　　视频赞赏收益就是指开通"视频赞赏"功能之后，通过读者（即用户）对中视频的赞赏获得收益。图 13-28 所示，为西瓜视频平台的"视频赞赏"说明。

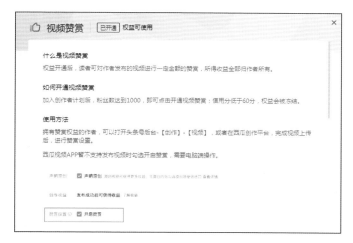

图 13-28　西瓜视频平台的"视频赞赏"说明

　　付费专栏收益就是指开通"付费专栏"功能之后，通过读者（即用户）付费购买专栏内容获得收益。图 13-29 所示，为西瓜视频平台的"付费专栏"说明。

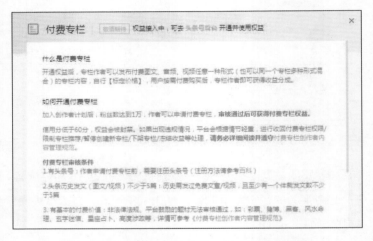

图 13-29　西瓜视频平台的"付费专栏"说明